U0568204

广西博物馆七十年

70 Years of Guangxi Museum

1934——2004年

主　　编：黄启善

副 主 编：蓝日勇

　　　　　吴伟峰

　　　　　巫惠民

文物出版社

2004年　北京

《广西博物馆七十年》编委会

顾　　问：何乃汉　蒋廷瑜

主　　任：黄启善

副 主 任：蓝日勇　吴伟峰

委　　员：（按姓氏笔划为序）

　　　　　巫惠民　陈小波　陈景国　李善华　郑超雄

　　　　　和　艳　陶少艺　唐彩芬　贾志光　傅广宁

　　　　　杨小菁　谢日万　蓝之强　潘郁生

主　　编：黄启善

副 主 编：蓝日勇　吴伟峰　巫惠民

文字编写：黄启善　蓝日勇　巫惠民　陈小波　潘郁生　陶少艺

图片摄影：党春宁

　　光阴荏苒，岁月轮回。七十年风雨砥砺，七十载数度辉煌。今年，广西博物馆迎来了自己的七十华诞。

　　七十年，在历史长河中只是弹指一挥间，但对广西博物馆来说，却是一段路漫漫、夜长长的艰苦跋涉的历程。1934年7月1日，广西省立博物馆在南宁宣告成立。从其诞生之日起，就以弘扬民族文化为宗旨，大力开展文物调查、征集、保护、陈列展览、科学研究等工作。但好景不长，由于日军入侵，国破山河碎，民不聊生，博物馆的文物几度搬迁逃难，馆名数度更改，文物丢失，人员离散，博物馆事业发展受到了严重破坏。新中国成立后，广西博物馆如枯木逢春，雨后春笋破土生长，走上健康发展的轨道。特别是党的十一届三中全会以来，博物馆文物工作者在全区的文物调查、考古发掘、文物征集、文物保护、科学研究、陈列展览、宣传教育及对外交流等方面做了大量工作，取得了丰硕的成果。可以说，七十年来，广西博物馆由小到大，历尽沧桑，走的是一条艰苦创业之路，凝聚了几代人的辛勤耕耘。

　　值此庆祝建馆七十周年之际，博物馆编纂这本纪念册的目的，既是缅怀前人之精神，也是激励后辈之精神；既是记述七秩之事功，亦是描绘未来之蓝图。雄关漫道真如铁，而今迈步从头越。面对新世纪的大机遇大挑战，广西博物馆同仁决心乘七十周年馆庆之东风，以昂扬的姿态、求真务实的作风和与时俱进的精神，团结拼搏，开拓创新，为文博事业作出更大的贡献！

贺战生

2004 年 3 月 15 日

目 录

成立于1934年7月1日的广西省博物馆，将迎来了七十周年华诞。古人曰"人生七十古来稀"，从中国博物馆发展的历史来看，七十"大寿"的博物馆确实太少，全国现有的2000多家博物馆中能达到"七十"大寿的博物馆只有七十余个，如从五个少数民族自治区来讲，达到七十"高龄"的博物馆也十分罕见。七十年对人生来说是古稀之年，但对一个事业的发展来看，它正是处于风华正茂时期。广西博物馆的成长，经历了新旧两个社会的风雨洗刷，特别是刚刚诞生之时，就遇到日本侵略者的干扰和破坏，几经搬迁逃难，历经千辛万苦。20世纪60年代的文革中，又成为武斗的据点。加上洪水泛滥，文物损失颇多。尽管如此，广西博物馆仍以顽强的毅力，艰苦奋斗，使博物馆从无到有，从小到大，从弱到强，成为广西文博事业的龙头馆，可以说是今非昔比。文物收藏与保护、陈列展览与宣传教育、科学研究、考古调查与发掘等都取得了辉煌的成就。所有这些成果都是党和政府对少数民族地区文博事业关怀和呵护的结果，是与时俱进、不断发展的重要标志，也是博物馆同仁的艰苦奋斗以及社会各界人士的共同努力和支持的结果。广西博物馆现人才聚集，事业兴旺，为弘扬民族文化，增进民族团结，振奋民族精神，发展西部少数民族地区的文博事业作出了积极的贡献，发挥了巨大的作用。已有几代人为发展广西博物馆，建设广西博物馆默默无闻地奉献了青春，贡献出毕生的精力。在广西博物馆成立七十周年之际，我们把其发展的经历综述于后，但愿能与关爱广西博物馆的人共勉，与热爱广西博物馆的人共享，同时也是留给子孙的一份永远的纪念。

一 蕴育诞生时期（1933——1936年）

1933年，在全国经济、文化、教育有一定发展的基础上，国人注重博物馆的创建与发展。1933年，全国已有68家省立博物馆，到1934年，博物馆数量增至74个，其中就包括了广西省立博物馆。广西博物馆的创建，正是遇到了这样一个十分难得的发展时机。时任广西省政府委员兼教育厅长的李任仁先生（解

1934年在南宁市共和路的馆舍

1954年在南宁市经文街南一里五号的馆舍

放后任广西省人民政府副主席）为繁荣广西文化教育事业，为保护和弘扬民族文化，避免文物散失，便向省政府提议在首府南宁市筹建广西省立博物馆，以便"广集物品，博采珍奇，汇萃一堂，以资国民观赏。广西文化，向称落后，本省当局，励精图治，急起直追"。基此之目的，故于1933年8月2日在广西省政府第79次常委会上通过了《广西省立博物馆办法大纲》。8月26日，根据博物馆办法大纲第8条的规定，广西省政府任命廖葛民（全州人）、雷荣甲（南宁市人）、黄立生（未到职）3人为广西省立博物馆筹备委员会委员，并指定年仅33岁的廖葛民先生为筹备委员会主任委员。9月15日，广西省立博物馆筹备处正式成立，暂时在南宁市中山公园内的省立第二图书馆办公。省政府拨出专款1万元作为筹备经费。1934年1月1日，根据省政府的安排，筹备处搬迁到共和路原教育厅旧址办公。经过半年多的紧张筹备。1934年7月1日，广西省立博物馆宣布正式成立。在成立之时，特从广州运来大理石，在博物馆大门口建筑一大理石塔，在塔中刻碑一块，文曰"广西省立博物馆成立纪念"。广西省政府正式任命廖葛民先生为广西省立博物馆馆长。馆内设历史文化和自然科学部两个部门。成启宇担任历史文化部主任，下设教育、政治、经济、法律、史地五个组，廖葛民兼任自然科学部主任，下设气象、地质、生物、理化四个组。全馆正式职员13人、雇员2人、练习员2人、专门委员3人、名誉导师6人、名誉征集员10人，总计36人。馆舍为砖木混结构的两层楼，分南楼、东楼、西楼和图书馆。根据博物馆性质的要求，将原建筑进行了改造，分陈列室13间、整理研究室5间、阅览室2间、剥制室1间、标本储藏室1间、宿舍10间、其它用房22间，年经费17200余元，开馆时间为上午七时至下午五时止。

根据《广西省立博物馆办法大纲》的要求，制定了《广西省立博物馆组织章程》。此章程第一条为博物馆的宗旨"是以汇集本省各种文化和其它省或它国的有关文化可资比较的物品供众阅览及研究"。第二条为"本馆设于南宁直属广西省政府，馆长由省政府直接任命，各部室主任由馆长任命"。同时还制定了《广西省立博物馆参观时间及规则》《广西省立博物馆职员服务细则》《广西省立博物馆职员请假规则》《广西省立博物馆征求物品简则》《广西省立博物馆征求物品标准》等项规章制度。

经过全体员工的努力，从省内以及北京、上海、广州等地征集了一批文物。至1935年，馆内藏品达到2万多件，其中具体的数量如下：

（1）历史文物3865件。

（2）壮、瑶、苗等少数民族文物198件。

（3）当代名人书画91件。

（4）动植物标本1万多。

（5）其它藏品5000多件。

1934年7月至1935年4月，向全省各县发出铜鼓、名胜古迹、碑刻、书画、民族文物等调查登记表，后据邕宁、天河、桂林、岑溪、西隆、陆川、怀集、凌云、桂平、凭祥等十一个县的复函，发现铜鼓20面，并在南宁、宾阳、永淳、南丹、都安等县征集7面铜鼓，在桂林、柳州等地发现大量的唐、宋、明、清碑碣和摩崖石刻，制作了2万多份拓片，收集到《广西通志》《广西舆地》以及同正、融县、岑溪、贺县、太平、钟山、灌阳、柳州、怀集、陆川、全县、昭平、隆安、武鸣等地的地方志165册，历代图书、期刊840多种共2150册，历代书画 170 多件，还将收集的文物，举办了各种展览。1935 年，参观人数达 88774 人次。

二 受挫时期（1937——1949 年）

1937 年，日本发动全面侵华战争。同年 11 月 12 日上海失守，12 月 13 日南京沦陷。1938 年 10 月 25 日武汉失陷。国内博物馆遭到了大量的破坏，刚成立不久的广西博物馆也难逃厄运。1936 年 10 月 5 日，广西省政府以抗日救亡的国防需要，把省会从南宁迁到桂林市。1937 年 3 月，广西省政府电令各地，将仍在南宁市的广西省立博物馆改名为广西省立南宁博物馆。严峻的局势对博物馆的建设和发展具有很大的破坏。1939 年 11 月 15 日，日军藉海空军的掩护，从广西钦州湾、防城的龙门港，强行登陆，侵犯南宁。1939 年 11 月 23 日，南宁市沦陷。日寇肆意烧杀掳掠，为了确保文物安全，博物馆奉命在沦陷前向桂西地区的田东、天保等地疏散。博物馆所收藏的重要文物标本均疏散到田东县，所有职员也一起随文物迁往田东县。馆藏珍贵文物则运到地处桂西山区的天保县（今德保县），秘藏于深山的岩洞中。1940 年 11 月，南宁光复，但博物馆奉命迁到桂林市，同时也将秘藏于天保县山洞中的文物启封运至田东，又在田东县装船水运从右江经南宁下西江至梧州市再转桂江后入漓江最后运到桂林市。文物运到桂林市后，由于战事仍未结束，日机仍常来侵扰。为避免敌机轰炸而造成文物损失，故将文物收藏于桂林市郊的七星岩洞内。由于日寇的入侵，战火纷飞，外省疏散到桂林避难的人口与日俱增，各种机关林立。因此，博物馆迁到桂林后，馆舍一直不能落实，工作也无法开展。直到 1943 年 10 月，在桂林市举办的西南展览会结束后，各有关方面要求把展品赠送博物馆保管陈列。逢此机遇，博物馆立即向广西省政府报告。经省政府研究决定，暂借桂林市文昌门外象鼻山脚下的忠烈祠为博物馆馆址。这时，原馆长廖葛民因事辞职，广西省政府即任命高国材为馆长。高国材馆长到任后，遂将接收西南展览会所赠物品及七星岩所存物品启封，开始积极举办展览。这时，中央教育部通令全国各省须建一座科学馆，广西省政府认为教育部颁发的建立科学馆组织规程与博物馆内部组织大致相同，为了节省经费及减免筹备的麻烦，于 1944 年 4 月 1 日将广西博物馆改组为广西省立科学馆，仍由高国材任馆长，并于"七·七"抗战纪念日举办展览。1944 年 6 月，日军进犯湘北，湖南长沙、衡阳相继失守，桂林市各机关也奉令疏散。科学馆疏散点为贺县八步镇，于是又将存于七星岩的古代文物和接收西南展览会的物品，捡选其价值较高和体质较轻、小而易于搬运的文物装成 50 余箱，准备运往贺县。但由于运输费太少而无人承运，经研究从中再将次重要的文物剔出，改装成大小 30 箱，并暂运到平乐放置，以观局势发展再定是否运往贺县。7 月 2 日，文物疏散到平乐县，并暂时安置于省立平乐医院。由于局势发展越来越严重，平乐县也吃紧。9 月间，又将文物疏散到贺县，安置于贺县永发乡新莲村中心学校。经开箱检查，所有文物均未受损，甚为幸矣。

文物运达贺县后，由于局势发展极为严重，与省政府失去联系，无法取得经费和公粮，随文物疏散到贺县的省博物馆工作人员的生活十分困难。经多方联系救济，得到当地第一区行政督察专员公署拨出救济款 3 万元。博物馆工作人员在生活费有着落之后，尽量节约，从救济款中挤出一些经费，在贺县八步镇举办了一次古代文物巡回展，参观者达万余人，突破

1956年在南宁市人民公园内的馆舍

1978年在南宁市民族大道34号的馆舍

了贺县八步镇历年来展览会参观人数的最高纪录，颇得社会人士好评，也为抗日宣传、动员民众、保乡卫国做了十分有意义的工作。

1945年8月15日，日本宣布无条件投降。南宁、柳州、桂林、梧州四市相继光复。博物馆在抗战胜利后的1946年3月奉命迁回桂林市。遵照省政府的指示和安排，博物馆馆址被安排在桂林王城内的原省政府临时参议会旧址、省政府花圃旧址、独秀峰下水塘全部旧址三个地方。嗣后不久，由于该处新居住的军管区司令部及师范学院附中一时不能迁出，无法辟为馆址，博物馆只好在王城内前省临时参议会宿舍旧址修建平房一座，作为博物馆办公地点。经过两个多月的整理筹划，各项工作稍有头绪。1946年9月中旬，由高国材馆长率2名职员前往贺县将疏散的文物用专车运回桂林。回到桂林后，新旧职员也陆续到馆开展工作。馆内的人员有馆长1人、部主任各1人、指导员2人、干事1人、助理干事2人、会计1人、雇员2人、典守员5人。馆内设编审室、修理室、实验室和四个展览室。文物鉴定，由编审室负责组织考古学专家定期开会审查，鉴别真伪。修理室负责对古物及破旧展品进行修复。展览室新展览的内容有古代文物和现代物品两大类。古代文物包括了文献、书法、古画、碑拓、古代兵器、货币、古金属器、古玉石、古陶瓷器、古文房四宝、装饰品、宗教类的217种。

由于科学馆和博物馆的工作仍有一定的区别，1946年冬博物馆分离出来。1947年1月6日，根据内政部有关省市县成立文献委员会的政令，并依据文献委员会组织章程及修志办法等规定，成立了广西省文献委员会筹委会，聘任广西省政府主席黄旭初、省通志馆馆长封祝祁、省政府委员（原教育厅厅长）李任仁以及陈树勋、蒋继尹、苏希洵、陈剑修、瞿念勖、陈劭先、郑建宣、岑永杰、曹现之、吕集义、梁岵庐、黄朴心15人为广西省文献委员会委员。黄旭初主席兼主任，李任仁、封祝祁为副主任，派裴本初、朱尧元为筹备专员。5月5日，广西省文献委员会正式成立。日常事务由副主任李任仁主持，会址设于桂林市中正路八桂厅。6月9日，据广西省政府令，广西省文献委员会归民政厅主管。根据文献委员会组织办法规定，该会会员有征集、保管、整理文献资料及编纂省志的任务。与通志馆、历史博物馆、图书馆、研究院的工作有相同之处，但也与这些馆、院各自独立的工作性质不同。所以，省文献委员会按规定内设编纂、整理、采集、总务四组，并成立了文献期刊、战时散失文物收购、历史文物审查鉴定三个专门委员会。1947年7月6日通过了新的广西省文献委员会历史文物审查鉴定委员会简章。为了加强与各方面的联系，省文献委员会成立不久，于8月2日邀请在桂林市的广西通志馆、广西科学馆的主要职员到会，座谈今后工作联系办法。1947年11月30日召集了第一次历史文物审查鉴定委员会全体会议，同时接收了广西省政府历年收藏的石刻拓本33901帖。派梁岵庐到贵县发掘汉墓一座，获得了一批珍贵文物。派唐兆民等人到兴安县对灵渠、秦城等遗址进行调查，搜集到一批实物和文献资料。到1948年，收藏文物有3835件。先后举办了三次展览，其中1948年元月1日对外展出了古代金、石、陶瓷类文物和古旧图书、古字画、碑拓、照片等，观众参观踊跃，达23万人次。

广西省立博物馆成立后不久，便遇到日寇入侵，省会沦陷，博物馆几度改名合并，馆藏文物被迫疏散到桂西的田东、德保以及桂东北平乐、贺县等地区隐藏。因此，造成了大量文物失散，尤其是从桂林向平乐、贺县疏散时，不得不丢掉不便运走的文物。抗战胜利后，虽然省教育厅拨出专款收购战时散失文物，但收效甚少。从1947年11月开始到1949年6月9日结束，收购到的文物仅192件。博物馆工作进入了长期停滞不前的状态。

三　重建时期（1950——1956年）

1949年12月11日，广西全境解放。1950年2月8日，广西省人民政府正式成立，文博事业开始得到复苏。同年4月1日，在桂林市成立了广西省文物馆筹备处，接管广西省文献委员会工作，馆址设在桂林市乐群路57号（八桂厅）。民族学家刘介任筹备处主任。林半觉（兼秘书）、张智林、裴本初等为筹备处委员。筹备处内设革命文物、民族文物、历史文物、总务四个组，积极地开展筹备工作，引起了各地政府和民众的关注和支持。

1951年11月7日，广西省人民政府主席张云逸签发了必须切实做到保护民族文物的政令，对一切具有历史、学术价值的文化遗产，例如，古代石器、金属器、陶瓷器、玉器、漆器、竹木器、齿牙、骨角器、丝麻棉等编织刺绣、各种化石、古籍版本、孤本、绝本、抄本与不常见的书籍、碑刻、拓本、简牍、档案、古字画、佛经、仪器、报章、杂志、古寺庙、革命文物、壁画、古冢墓、名人故居、名胜古迹等民族文化遗产，要加强保

鲁迅题词（1934年）

护，不得随意分掉或任意损毁，各级政府要广泛宣传保护文物的政策等。这些政令的发出为保护文物起到了十分重要的作用。

1951年11月26日，根据政府的政令，广西省文物馆筹备处也发出了"筹字274"号文件，将所有人员分成五个工作组，分赴全省各地进行文物征集和保护工作。第一组林泮觉、陈千钧于1951年12月21日至1952年4月26日在宾阳区的南宁、宾阳、横县、永淳、贵县等调查征集文物。第二组徐家和、方一中于1951年12月17日至1952年5月15日在容县区的玉林、陆川、博白、北流、容县、兴业、桂平、苍梧、梧州、岑溪十个县市进行文物调查和征集工作。第三组苏康甲、梁鸿鸣于1951年12月17日至1952年5月15日到钦州区的钦县、合浦、北流、灵山等地进行调查。第四组裴本初、胡冠杰于1952年1月10日至2月24日赴柳州区的融县、柳城、来宾、鹿寨等地进行调查。第五组谢劭安、徐廷如于1952年2月1日至3月中旬到平乐区的平乐、钟山、富川、贺县、恭城、荔蒲等地进行调查。在历时半年多的文物调查中，共征集到文物72375件。其中以古籍图书居多，有63548件。另有古字画2598件、金器1895件、陶瓷器767件、石器75件、刺绣服饰骨器等123件、铜鼓50多件。在钦廉区的灵山县泗洲山挖掘到石器时代的石刀、石斧等5件文物。调查了玉林万花楼、水月岩，博白宴石寺、朱光易朱锡昂故居，北流勾漏洞，容县真武阁、都峤山，贵县南山寺，钦县东坡楼、天崖亭、刘永福故居、冯子材故居及墓冢，合浦海角亭、东坡亭、隋大业的宁公碑等文物古迹。

为了向广大干部群众进行历史唯物主义和爱国主义的教育，展现土地改革期间文物调查和征集成果，于1952年12月28日开始筹备《广西民族文物展览》，并于1953年元月4日正式对外开放。这次展览共分为6个部分，即古代艺术、工艺品、压迫文物、反抗文物、解放文物、兄弟民族大团结文物，展品有314件，观众达25000多人次。这是广西解放后举办的第一次大型文物展览。

1952年，本馆派出方一中同志参加文化部与中国科学院考古所、北京大学历史系在京联合举办的第一届考古工作人员训练班学习。他是广西博物馆有史以来派出的第一个学习考古专业的同志，并在广西考古岗位上奋斗了一生。

1953年6月30日，据广西省人民政府文化事业管理局第281号文通知，奉中央文化部中南文化局的指示，将广西文物馆筹备处改组，分别成立广西省文物保管委员会筹备处和广西省博物馆筹备处，并于7月1日正式成立。两筹备处主任未到任之前，仍由原主任刘介主持日常事务，并对工作人员作了如下调整：

1、满景祚、谭毅然、徐廷如、班逢生、裴本初、陈五瑞、马邹七位同志到广西省博物馆筹备处工作。

2、方一中、林泮觉、苏康中、梁鸿鸣、徐家和、梁友仁、谢劭安、孙筱衡、胡冠杰、阳臻明十位同志到广西省文物保管委员会工作。

3、刘介、梁岵庐两位同志暂在省博物馆筹备处工作。

4、江澄、刘信敬、张智林、林秀英等人暂在省文管会筹备处工作。

以上这些人员为广西文博事业的发展作出了自己的贡献。筹备处先后派人到南丹、贵县、玉林、桂平、桂林等地开展文物调查。对北流县勾漏洞，博白县宴石寺，贵县南山寺，玉林豹堂岭、万花楼，桂平西山名庵寺，全州湘山寺遗址、妙明塔、镇湘塔，兴安县灵渠、城台岭古墓葬、乳洞石刻及佛像、古严关，桂林开元寺、舍利塔、云峰寺、栖霞寺遗址、浑融和尚墓、花桥、甘棠桥、明庆元旧祠、圣母池、明大学士吕调阳墓、西山寺石刻、伏波庙遗址、木龙渡震宫、黎王墓，灵山县六峰观等进行了调查和复查。维修了桂林云峰寺、舍利塔、普贤祠、柳州柳侯祠等古建筑。1952年8月7日动工维修合浦县海角亭、容县的真武阁等。1953年9月10日动工维修宜山县白龙洞等。1953年3月还在南丹县征集到文物62件、大苗山苗族文物40件。1953年3月中旬，刘介主任和苏康甲、谭毅然奉令前往汉口参加全国民族文物图片展览的第一馆工作，为时一个半月。1953年12月间，为庆祝桂西壮族自治区成立，在南宁举行了为期11天的《广西民族文物图片展》，观众达9万多人次。

1954年1月15日，班逢生作为第一批由桂林迁移南宁的工作人员，到达南宁作筹备工作，并拟于1954年2月10日将文物迁移南宁。在桂林方面，由谢劭安任总负责人，负责文物的包装、装箱。其中的具体分工如下：

1、由陈五瑞（负责人）、梁鸿鸣、周湘、阳光宇负责金石、陶瓷文物的包装。裴本初在柳州负责展览工作结束后参加了后期的包装工作。

2、由苏康甲负责字画、碑拓的包装和装箱。唐兆民在柳州的展览结束后参加了工作。

3、徐廷如负责参考图、报刊等的装箱。

4、谭毅然（负责人）、孙筱衡负责民族文物的包装和装箱。

5、梁鸿鸣（负责人）、陈五瑞负责革命文物的包装和装箱。梁友仁从藤县归来后参加了工作。

6、满景祚（负责人）、谭嘉华负责科学仪器的包装和装箱。方一中从全县回来后参加了工作。

7、吴承富负责档案文献的装箱。

8、孙筱衡（负责人）、唐仲英负责家具的包装。

9、孙筱衡、阳光宇负责其它事务工作。

10、谢劭安负责文物总登记册的包装。

经过两个多月的迁移工作，1954年3月下旬博物馆工作人员和文物顺利地搬迁到南宁市。最初的馆舍在南宁市经文街南一里五号，馆舍面积为107.5平方米，与文史研究馆在一起合署办公。省文化局派社文科兰启辉到博物馆任秘书，管理全馆日常事务。馆内设采集队、研究保管组、总务组三个部门，采集队又分设田野考古组、文物资料采集组。全馆职工有19人，其中大学学历11人、高中学历5人、初中学历3人。

文物到达南宁后，分四个地方保存。

1、字画库在七星路五号，保管员陈五瑞。

2、民族文物、革命文物、社建文物库在民主路博物馆宿舍区内，保管员唐兆民、徐家和。

3、古籍图书、报刊、档案、铜鼓、拓片、自然标本库在望州岭，库房面积为80平方米，保管员徐廷劭。

4、出土文物库在省文化局棚厂里，未设专人保管。

郭沫若题词（1963 年）

各个文物仓库相距甚远，近者 3 至 4 里，最远者达 10 里。其中文物总计有 29135 件。来南宁市以后，经文化局批准，从事业费中挤出一点经费在南宁市民主路 12 号建了两栋宿舍，面积为 122 平方米。由于住房未能满足要求，家属仍在桂林市无法随迁来南宁。

同年 7 月下旬，田野考古组发掘贵县汉墓和桂林唐宋墓 57 座，获得文物 728 件。10 月，在贵县工地又清理汉墓 82 座，获得文物 1150 余件，并派人到田东、田阳、百色、东兰等地进行革命文物调查，征集红七军文物 22 件。9 月至 10 月还开展了太平天国革命文物的调查，在贵县、桂平、平南等地访问了 292 人，拍照片 673 张，碑贴 13 幅，文物 3 件。这一年还在柳州、贵县、南宁等地举办了五个展览，参观人数达 87000 多人次。

1955 年，随着黎湛铁路修筑工程，在贵县北郊发掘了数百座汉墓，获得了一大批文物。经省人民政府研究决定，在南宁市人民公园内建广西省博物馆大楼。经过一年多的基建，1956 年 2 月 8 日，广西省博物馆大楼竣工。它为两座两层高的砖木混合结构的红瓦房，统称红楼，展览面积约 2000 平方米，对外开放了历史和自然两个陈列展览。筹备处改名为广西省博物馆，博物馆由此得以重建。这时博物馆有在职职工 21 人、文物藏品 29135 件，全年观众人数达 29 万多人次。

四　发展时期（1957 年至今）

广西省博物馆重建以后，开展了大量的文物考古调查和发掘工作，陈列展览和科学研究等方面工作也都取得了巨大的成就。

1957 年，全馆职工有 21 人。经多方努力，配合黎（塘）湛（江）铁路的修筑工程，在贵县发掘古墓 20 多座，获文物 655 件。开展了兴安、全县、临桂等地文物普查工作。对宁明、龙津、崇左等地花山壁画进行了调查。与中国科学院古脊椎动物研究室和古生物研究所合作，到宜山、田东、来宾、横县、柳城、鹿寨、临桂等地进行古脊椎动物的调查。在柳城发现的巨猿化石，轰动了世界。当时的苏联专家也派人到邕宁、横县等进行了实地考察，在横县六里采集了一批古生物化石。这一年，共采集到文物和自然标本 2 万多件。

1964 年 3 月，朱德委员长在我馆古代铜鼓陈列室内参观。

1958年3月，随着广西壮族自治区成立，广西省博物馆遂改成现名，馆内机构也作了相应的调整，设立了历史考古组、展览标本组、文物保管组、总务组四个部门。3月5日，贺龙元帅作为中央代表团团长在参加广西壮族自治区成立大会以后，到广西博物馆参观了《广西近百年革命文物展》。为了吸取各地博物馆的办馆经验，7月29日至8月27日，派丁连城等七人到上海、南京、山东、河南等地参观博物馆的陈列展览和考察文物保管等方面的工作。同年9月，在柳江县新兴农场的通天岩，发现了"柳江人"化石。这是广西发现的最早的人类化石，也是迄今在中国以至整个东亚地区发现的最早的现代人的代表，属于形成中的蒙古人种的一种早期类型，年代大约在5万年左右。此后，在其附近的都乐岩、莲花洞、灵山县的马鞍山、田东县的新州、崇左县的矮洞、都安县的干淹洞、九涝山、荔浦县的水岩洞等都发现了与"柳江人"同一时期的古人类化石。这些古人类化石的发现，对研究人类的发展历史具有十分重要的意义。同年1月17日，为满足本馆革命历史展览和省第二图书馆业务发展的需要，将存放在展室以及省二图的文物全部搬到省文艺干校存放。

1964年3月，朱德委员长在我馆参观馆藏文物。

1959年，为庆祝中华人民共和国成立十周年，将《广西近百年革命文物展览》修改成《广西革命史陈列》。1960年元月，根据自治区文化局的安排，博物馆与展览馆合并，从人民公园内搬到展览馆，原馆址交给广西第二图书馆使用。这时全馆员工已达40人，但有些干部下放，即将离馆。与美术家协会广西分会合办书画展览。同年7月，中央文化部文物管理局局长王冶秋到博物馆视察工作。文物库房仍在省文艺干校。

1961年元月11日，举办《太平天国革命历史陈列》，展出文物300多件，观众达76216人次。苏联、捷克、越南、老挝、德意志民主共和国、波兰、日本、印度、印度尼西亚、泰国、马来西亚、加纳、喀麦隆等十五个国家的外交使节、学者等参观了展览。元月22日，派人到北京师范大学接收关锦梧、关瑞梧、关桂梧三姐妹捐赠其父亲关伯珩（北京大学教育系副主任、全国政协委员、清代翰林）所收藏的汉、宋、元、明、清时的陶瓷器、铜器、钱币、书画等90多件文物。

1962年4月，对桂林、柳州、桂平、忻城、兴安、恭城等地文物进行了调查，为公布广西壮族自治区重点文物保护单位作准备。先后派出三个工作组，到全区二十六个县市的自治区重点文物保护单位进行"四有"工作。划定了保护范围，明确

1996年12月31日，原国家主席杨尚昆在我馆古代铜鼓陈列室参观。

了保护职责，制定了保护措施，建立了保护文物的科学记录档案，组成了六十多个群众性的文物保护小组，发展了文物通讯员38人。8月20日，全区文物博物馆工作会议在南宁召开。会议对全区博物馆事业的发展，作出了新的布置与安排。加强文物保护、收集、陈列三个方面的工作，继续充实"自然之部"的展览内容。10月15日，文博界盼望许久的广西《文物博物馆通讯》正式出版。这是广西文博界宣传党和国家保护文物政策和法令，交流博物馆工作经验的学术园地。10月1日，举办《捐献文物展》，展出原全国人大副委员长李济深、北京师范大学关瑞梧教授、上海收藏家唐云、香港爱国老人杨慎德等人捐献的文物。

1963年，广西壮族自治区党委宣传部任命李予同为博物馆副馆长。举办了自然之部、广西近代革命史、古代铜鼓等展览。3月19日，郭沫若到广西博物馆参观古代铜鼓展览，并赋《满江红》词一首，对广西收藏众多的铜鼓大加称赞："铜鼓云屯，欣赏了壮家文化……"同年，朱德委员长也参观了广西博物馆陈列的古代铜鼓展。为了加强文物保护工作，2月26日，向全区公布了自治区重点文物保护单位53处名单。为了备战，确保文物安全，根据上级主管部门的指示，将馆藏的文物精品装箱运到"三线"地方。1964年，这批文物精品共2400多件装成90箱运到边远山区的资源县收藏，资源县档案馆腾出四个房间作为库房，并聘请档案馆莫少忠先生负责日常的保管工作，直到1974年和1983年才分两次运回南宁。1964年8月3日，在南宁市兴宁路开设了文物销售店，并正式成立了南宁邕华斋，工作人员3人。这就是现在广西文物商店的前身。

1966年，文化大革命开始，博物馆工作遭受到严重的破坏，业务工作被迫停止，大部分干部下放到五七干校劳动。馆名一度消失，按部队编制番号进行编号。博物馆也成了武斗据点。文物库房砖墙、库内文物柜等都被枪弹打得弹痕累累。文物被打烂，被盗走，损失十分严重。1968年8月，武斗刚停，南宁市又发生一场历史上罕见的特大洪水灾害，全市被洪水淹没，古籍书画等文物被水淹。武斗加水灾，造成的文物损失达19000多件。1969年，工宣队、军宣队进驻博物馆。原有60多名职工的博物馆已经冷冷清清，剩下的10多名干部也成天政治学习，无法开展业务工作。直到1971年11月才补充了一批工作人员，队伍逐步壮大，事业得到了发展。

1970年7月，广西合浦县炮竹厂在该厂附近的望牛岭施工时发现一座大型西汉时期的墓葬。1971年10月为配合基建工程，需要对汉墓进行考古发掘，经请示上级，从五七干校抽调原下放的博物馆业务干部回馆，前往合浦县发掘汉墓。经过半年多的发掘工作，至1972年春才完成发掘工作，获得了一批十分珍贵的文物。这是广西解放以来首次发现的汉代大型木椁墓，引起各级党政领导的重视，博物馆也由此开始招回下放的专业干部。博物馆又回到原来馆址，并举办了文物考古新发现展览。合浦望牛岭一号汉墓发现的铜仓、铜凤灯、铜魁、三足铜盘、铜灶、提梁铜壶等文物，由于其造型奇特，工艺高超，曾到日本、南斯拉夫、罗马尼亚、新西兰、澳大利亚等国展览，受到国际友人的高度评价。

1973年，区文化局调许务民同志到博物馆任革命领导小组组长。为了接待越南考古代表团，特在展览馆一楼西厅举办《广西古代铜鼓展》。同时派干部到全区各地了解文物保护情况，为全区文物工作会议作筹备工作。西林县汉代铜棺葬、铜鼓葬的发现，引起了国家文物管理部门的重视，特派出专业人员到西林县八达公社普驮粮站（铜鼓葬出土地点）进行考古调查和钻探工作，并征集到一批铜棺材碎片及相关文物。1974 年，为了培训广西文物考古人员，加强博物馆的工作，先后在平乐县、藤县等地举办了文物考古短训班，教员全由我馆专业人员担任，并编写《华南考古》等讲义。同年 10 月 10 日——12 月 10 日，由博物馆文物队和桂林地区的平乐、永福、灌阳、全州、龙胜、荔浦、阳朔、灵川、梧州地区的贺县、昭平、钟山、富川等十二县文化馆的文物工作者参加的银山岭考古发掘队，再加上梧州市博物馆、柳州市博物馆也派人参加，在平乐县张家公社燕水大队的银山岭发掘了 165 座古墓，其中战国墓 110 座、汉墓 45 座、晋墓 10 座，出土文物 1400 余件。同时在藤县中和街发掘了一批宋代瓷窑遗址。同年 9 月 2 日，广西壮族自治区编委发出桂编[1974]342 号文件，成立广西壮族自治区文物工作队，编制 10 人，与博物馆合署办公，对外是一个单位，对内是博物馆的一个部门。这时博物馆的干部职工有 56 人，内设办公室、保管组、陈列组、文物队四个部门。

1975 年，为配合中山大学历史系考古专业学生实习，在合浦县举办了考古培训班，并结合实习在合浦县堂排公社发掘一批西汉晚期的墓葬，出土一批文物。1976 年，为配合四川大学历史系考古专业学生实习，在钟山县发掘牛庙汉晋墓葬群。同年 6 月下旬，贵县化肥厂在扩建厂房时发现一座大型汉墓。本馆派出考古专业人员与贵县文物考古训练班学员一起于 7 月 9 日至 11 月 15 日对汉墓进行发掘。这是一座大型的木椁墓，也是广西目前已发掘的汉墓中最大的一座。这座墓除了陪葬大量的文物，还在墓底埋葬 7 个奴婢。这是广西首次发现的殉人墓。国家文物局局长王冶秋亲临现场视察。

1977 年，为迎接广西壮族自治区成立二十周年，自治区人民政府拨出专款在南宁市民族广场新建博物馆大楼，抽调部分干部投入基建工作。先后派人到北京、江西、桂林等地进行革命文物调查，收集革命文物 50 多件、文献史料 12 万多字。组织《大藤峡农民起义》书稿和《广西出土文物》画册的编写。派人到南宁、灌阳、钟山、贺县、钦州等地进行文物考古调查和发掘工作。设立文物保护科学实验室，配备了专业干部，购进了一批实验器材，开展了漆器脱水的科学实验工作。

1978 年，博物馆大楼竣工落成，占地面积 60 亩，建筑面积 12900 多平方米，拥有四个大型陈列展厅，馆名为郭沫若先生所题。为迎接自治区成立二十周年大庆，在新落成的大楼里布置了《广西历史文物陈列》《广西革命文物陈列》《太平天国在广西历史文物陈列》和《广西古代铜鼓》四个基本陈列。

1979 年，文化局任命许务民为馆长兼党支部书记，全馆干部职工有 114 人，设立了办公室、文物队、文物商店、保管部、陈列部、群教部六个部门。除了保管部因文物库房仍在区展览馆内未能迁入新的博物馆大楼，其余部门都迁入新大楼办公。开展了桂林、合浦等地区的文物调查，在永福县、容县发掘宋代瓷窑址，首次在永福县窑田岭发现宋代专烧瓷腔腰鼓的瓷窑。由于广西铜鼓具有悠久的历史，且收藏量居全国之首，故被推举为首次主办中国古代铜鼓学术讨论会的单位。为此，成立了专门的工作组，积极筹备中国古代铜鼓学术讨论会。派人到广东、云南、四川、贵州、湖南、上海、北京、南京以及广西各地进行铜鼓调查，共调查了 1360 多面铜鼓。编写了 30 多万字的铜鼓实测资料。这是一部当今中国铜鼓研究最完善的实测资料总集。对广西古代铜鼓展览进行了修改补充，以迎接铜鼓学术讨论会的召开。

1997年10月29日，中共中央政治局委员、中宣部部长丁关根到我馆视察、调研。

1995年11月6日，中共中央政治局委员、全国人大副委员长田纪云，人大副委员长陈慕华，政协副主席吴学谦等领导参观我馆举办的李济深捐献文物展。

　　1980年3月27日——4月3日，首届中国古代铜鼓学术讨论会在南宁召开，总计有来自北京、云南、四川、湖北、湖南、贵州、广东、广西、江苏、福建等省（区）的专家代表60多人。与会专家对铜鼓的起源、分布、分期、族属、类型、年代、纹饰、功能、铸造工艺技术等重大课题进行了研讨。广西博物馆副馆长张世铨是一位长期从事铜鼓研究的专家。他把众多的铜鼓逐一考察归类，运用考古类型学的手段把古代铜鼓划分成八大类型（即万家坝型、石寨山型、北流型、灵山型、冷水冲型、遵义型、西盟型、麻江型）。这一学说提出后，引起了国内外学术界的高度重视。经与会代表充分讨论，中国古代铜鼓研究会宣告成立，研究会秘书处设在广西博物馆。6月，又派出考古、民族、美工、摄影等人员组成左江崖画考察组，对左江流域的5个县70多处崖画进行了临摹和摄影。

　　1981年，根据工作的需要，对馆内二层机构作了调整，增设了修复工厂，把装裱、修复等交归工厂管理，作为馆里的以文补文的财源部门。根据国务院国发[1981]9号文件提出的"在全国范围内进行一次文物普查"的指示，广西壮族自治区人民政府也相继发出了桂政发[1981]100号文件，要求全区迅速开展文物普查工作，争取两三年内完成任务。为此，广西博物馆抽调了大批业务骨干，从1981年开始到1989年底结束，前后共花了9年时间，耗资几十万元，对全区85%的村庄进行了文物普查，收集各类文物及标本2.35万件，调查登记入册的不可移动文物达8427处。其中桂西地区的百色旧石器，经与中国科学院共同试掘和初步研究后得知：早在73万年前这里已经是人类劳动生息的地方。

　　1982年，自治区党委宣传部派贾鸿起同志到博物馆任馆长兼党支部书记。经过一年多的宿舍楼基建，两栋六层宿舍楼竣工交付使用。这是解放以来广西博物馆首次建筑的宿舍楼，也是建馆近50年来第一次为职工建设的高层宿舍楼，使大部分干部职工告别了长期居住的低矮且简陋的危房。为了配合岩滩大型水电站的建设，派人到水淹区进行了文物调查。对馆藏文物进行了清点，设卡立账。清退"文革"中查抄的文物。专业人员盼望许久的专业技术职称评定经过一年的评审有了结果：本馆长期从事考古专业工作的黄增庆先生荣获副研究员职称，另有11名专业人员获得助理研究员职称。这是解放以来广西博物馆第一批获得专业技术职称的专业人员。同年，派人到上海复旦大学接受乐嗣炳教授捐献的陶瓷器、古代书画等1700多件，并在广西博物馆举办了《乐嗣炳捐献文物展》。

　　1983年3月8日，经自治区文化厅批准，成立了自然组，负责全区自然标本的收集、展览和研究工作，同时为成立广西自然博物馆作准备工作。6月8日——7月1日，派人到兴安县进行严关宋代瓷窑遗址的发掘，发现数千件宋瓷。同年8月20日至12月21日，派人到灵山县进行文物普查，发现了一批古遗址、古墓葬、古建筑、古碑刻及近代革命遗址等，征集到一批文物。

　　1984年11月21日至1985年7月4日，在合浦进行为期9个多月的汉墓发掘，共发掘近百座汉墓，出土文物约2000多件。

　　1985年3月，博物馆领导班子换届，任命蒋廷瑜为馆长，全馆干部职工有138人。馆内二层机构作了相应的调整，增设了保卫科、行政科、图书资料室、技术服务部等11个部门。配合龙滩水电站建设，开展水淹区的文物调查。配合南（宁）北（海）二级公路的修建工程，派人前往合浦县进行文物调查和考古发掘工作。派人到隆林县进行文物调查。为筹建民族文物苑，派人到三江等地进行侗族等少数民族民居调查。国家拨款新建的文物库房进入打桩阶段。先后举办《广西收藏货币展览》《李济深捐献文物展》《广西体育之光》《抗日战争和世界反法西斯战争胜利四十周年展览》，接待国内外观众18万多人次。同年8月15日，广西钱币学会成立大会在本馆二楼会议室召开，自治区政协副主席莫乃群出席会议并为展览剪彩。为了筹备召开全区文物工作会议，抽调部分人力到各地进行调查，对全区81个文博单位进行了排查与分类，提出了加强博物馆工作的具体要求。经多方努力，本馆与文物处联合创办的《广西文物》创刊号终于出版。

　　1986年，开展广西博物馆重建三十周年庆祝活动，编辑出版了《广西博物馆重建三十周年论文集》和《广西文物考古文献目录》。配合南北高速公路的建设，在合浦县发掘400多座汉墓，出土文物千余件。

　　1987年3月，在博物馆大楼西侧兴建的文物库房竣工，建筑面积为3995平方米。7月，文物开始从区展览馆内的旧库房搬入新库。为了避免文物遭受不应有的损失，搬迁工作全部由保管部负责。经过两个多月的搬迁，旧库所有的文物全部搬入新库。自1982年开展专业技术职称评定以后，因各种原因，暂停了几年时间。知识分子年年盼望的专业技术职称评定又开始进行。为此，成立了博物馆职称评定领导小组，全馆所有专业人员都

1991年12月，全国人大副委员长阿沛·阿旺晋美到我馆参观。

2003年3月30日，国务院发展研究中心主任、中央委员王梦奎在自治区党委副书记刘奇葆、李纪恒陪同下，到我馆参观。

参加了职称评审工作，其中获得高级职称的专业人员有21人，获得中级职称的36人，获得初级职称的46人。同年5月11日，文化厅对博物馆党总支进行了调整，任蒲中泽为馆党总支代书记，免去牛玉祥党总支书记职务，调文化厅任调研员。

1988年，全馆干部职工有121人。根据自治区人民政府编制局下发的桂编[1988年] 93号文件，批准成立广西壮族自治区自然博物馆，馆址设在南宁市人民公园内原广西博物馆旧址，人员编制为20人，机构从广西博物馆自然部分离出去。举办《国际友谊珍品展览》和《康熙母后宫廷生活珍宝展览》。为迎接自治区成立三十周年，在博物馆大楼后面修建的广西民族文物苑经过一年多的基建，在自治区成立三十周年大庆的日子里对外开放。它是博物馆室内陈列的延伸和补充，集广西少数民族建筑为一地。苑内有壮、瑶、苗、侗、毛南等少数民族的民居建筑和壮族戏台、侗族鼓楼、风雨桥、放生池等少数民族建筑以及抛绣球、苗族芦笙杆、铜鼓群雕等文化生活娱乐场所，并设有民族土法制糖、榨油、造纸、制陶等民间作坊，占地面积24000多平方米，同时开办了打油茶等少数民族风味饮食的特色活动。民族文物苑成为了广西少数民族重大节日活动中心，如壮族三月三歌节、国际民歌节、侗苗族过年节、瑶族盘王节等都曾在这里举行。在开苑之时，中央赴广西参加自治区成立三十周年庆祝活动的代表团团长宋任穷同志亲临民族文物苑视察，全国人大副委员长费孝通亲自为民族文物苑题名，铜鼓群雕被推举为广西旅游标志。由于民族文物苑民族特色浓郁，自开放以来已接待国内外观众近千万人次。

1989年2月25日至3月4日，全国考古发掘工作汇报会在南宁召开，我馆负责会务工作。自治区文化厅对博物馆领导班子换届调整，任命谢居登为馆长，蒲中泽为党总支书记，邱忠仑、吴崇荃、黄启善为副馆长，对馆内二层机构和部门负责人也作了相应调整，设立了业务办公室、技术部、陈列部、群教部、保卫科、文物队、民族文物苑、图书资料室、文物商店、保管部、行政科十一个部门。抽调部分干部筹备全区文物工作会议。这次会议主要是对全区文物普查工作进行总结。九年间，全区各地博物馆、文管所等先后派出300多人参加了文物普查工作。抽人参加《广西文物志》和《广西文物分布图集》的编写工作。举办《广西文物普查成果展览》《打击文物走私活动成果展览》《纪念百色起义、龙州起义六十周年展览》。邓小平同志亲自为展览题词"纪念百色起义、龙州起义六十周年"。曾经参加百色、龙州起义的老红军汇集南宁，隆重举行纪念活动。为了编辑《广西铜鼓图录》抽调30多名专业干部到各地进行铜鼓传拓、摄影、绘图和收集文字资料等工作。5月23日至25日，由本馆具体筹备的中国古代铜鼓研究会第三届理事会在南宁召开。来自北京、四川、云南、贵州、广东、广西、海南等省区的铜鼓研究会理事共商铜鼓研究工作。会议经过充分协商，选举产生了中国古代铜鼓研究会第三届理事会。本馆副馆长邱中仑同志当选为副会长，蒋廷瑜同志任秘书长，研究会秘书处设在广西博物馆，并决定1991年3月初（后改在10月份）在南宁召开中国南方及东南亚地区古代铜鼓和青铜文化第二次国际学术讨论会。12月29日，广西考古、博物馆学会正式成立。这对于促进广西文博事业的发展具有重要的意义。

1990年2月17日，南宁市发生一起历史上罕见的特大暴风雨，风力达12级，水电通讯遭受到严重破坏。博物馆大楼天面玻璃钢瓦、挡雨棚被台风刮走，展厅门、窗也遭到破坏，展览被迫停止对外开放，损失惨重。自治区有关领导亲临现场察看灾情，并及时拨出专款抢修陈列大楼天面，以确保国家文物的安全。3月，为了搞好全区一级文物的鉴选工作，派出刘殿林等文物鉴定小组到区内各地博物馆进行一级文物鉴选工作。举办《广西民族文化展览》赴京参加第十一届亚运会艺术节。举办《亚运之光》《群英结党救中华》等15个临时展览，观众达20多万人次。派出专家为广西首次举办的全区文物保管专业培训班授课，开设的课程有"保管工作""藏品管理""藏品保护""文物修复与复制""文物征集""古旧书画装裱""囊匣制作"等课程。经过一年多职称评定，本馆又有7人获高级专业技术职称，获中级职称的有32人。

1991年1月，第一次全区馆（所）藏一级文物审定会在南宁召开。会上对全区各地自报的馆藏一级文物进行了审定。本馆确定为一级文物的有75件。6月，派人到北京接受莫文骅夫妇捐献的文物。莫文骅将军原籍广西南宁市。他这次捐献给广西博物馆收藏的文物有唐、宋、明、清时期书画、陶瓷和清拓岳飞草书《前后出师表》等30多件文物。为了迎接全国第四届民运会在南宁召开，自治区人民政府拨出专款在民族文物苑内建筑一座铜鼓群雕馆。为纪念建党七十周年和辛亥革命八十周年，举办《新民主主义时期广西革命文化史料展览》和《纪念辛亥革命八十周年图片展览》。在民运会期间，举办《中国体育展》《五省（区）体育摄影展》《石海波水彩画展》《仫佬族潘常欢个人画展》《南丹县民族画、摄影展》《三江侗族农民画展》等。全面修改《中国古代铜鼓展览》。10月20日，中国南方及东南亚地区古代铜鼓和青铜文化第二次国际学术讨论会在南宁召开，来自北京、上海、广西、广东、云南、贵州、海南、江苏、河南、陕西、山西和法国、澳大利亚、泰国、老挝、日本、台湾、香港等地的中外代表78人开展了对古代铜鼓的学术交流。

为了配合基本建设，对南宁至梧州二级公路贵港至梧州段和南宁到昆明铁路的南宁到平果段进行文物调查，发现了一批新石器时代遗址，同时在隆安、平南、岑溪、兴安、贵港、合浦、北流等地开展了考古发掘。其中在隆安县麻风坡和大山岭发掘新石器时代遗址2000多平方米，发现古墓葬40多座。特别是随葬品中大石铲和陶器、玉器共存，在广西考古中是一个重要的发现，对研究广西新石器时代分期与原始社会性质有重要的科学价值。对河池红七军宿营地标语和恭城文庙、合浦大士阁等进行了维修。

1992年元月，召开第二次全区馆（所）藏一级文物鉴定会，对全区18个县报来106件文物进行鉴定，最后审定17件为一级文物。5月，与广西武警边防总队建立警民共建教育基地。组织广西古代玻璃展品参加中国古代金、银、玻璃器赴日展览。从4月25日至11月15日止，这个展览在日本的东京、神户、冈山、福冈、大阪等地博物馆展出，本馆派黄启善同志赴日参加展览工作。此次赴日本展览收到了良好的社会效益和经济效益，本馆分到20多万元人民币。这是广西博物馆历次出国展览中首次取得如此好的社会效益和经济效益。派人参加文物法颁布十周年宣传月活动，到南宁市区和邕宁县城大街宣传文物保护的政策和法规。

1993年3月，首届广西民歌节在本馆民族文物苑举行，来自国内外的歌手在这里摆歌台，以歌传情，以歌会友，并决定每年3月15日至18日为广西国际民歌节。举办《广西馆藏文物珍品展》《一代伟人毛泽东展》《广西少数民族节日风情图片展》《中国瑶族服饰展》。筹备《广西少数民族蜡染、织锦展览》，到日本熊本展出。一年来共接待国内外观众13万多人次。

1984年11月28日，全国人大副委员长赛福鼎·艾则孜到我馆参观。

1992年5月9日，全国人大副委员长王光英到我馆参观。

配合基本建设，对钦北铁路沿线文物进行调查，同时还对桂林至柳州一级公路沿线、南宁至昆明铁路、平果至黔桂交界处田林八渡段、钟山县农贸市场工地、崇左县冲塘新石器时代遗址等基建工程施工沿线文物进行了调查，发现了一批文物和古代遗址。在柳城县大埔木桐发掘古代窑址，出土的"延祐五年"款印花模具，解决了大浦古窑址的断代问题。田东县祥周北哈坡发现的两面万家坝型铜鼓，填补了广西过去未发现万家坝型铜鼓的空白。中科院古脊椎动物与古人类研究所和本馆合作发掘的百色百谷遗址和檀河遗址，发现了70多万年前的玻璃陨石与打制石器共存。这一新发现把广西古人类活动年代推向到70多万年前，引起了国内外学术界高度重视。12月，越南考古研究院副院长阮文好一行3人到我馆访问和学术交流。到12月底为止，全馆在职干部职工有114人，其中正研究员2人、副研究员18人、馆员45人、助理馆员34人、文博管理员3人、行政人员12人、离退休人员30人。

1994年3月，为迎接第二届广西国际民歌节，对民族苑内的壮楼、瑶楼、风雨桥等建筑进行维修。民族文物苑是民歌节民族礼仪歌的主会场。从3月15日至18日，本馆投入大量人员进行接待和安全保卫工作。3月2日，派人到广州市接受香港爱国人士邓禹先生捐献的文物。这批文物有唐、宋、辽、元、明的陶瓷器共100多件。3月14日，在本馆举办邓禹先生捐献文物展。4月8日，国家文物局组织在京的近现代文物鉴定专家10人到广西进行近现代一级文物鉴定。广西共提交63件文物进行鉴定，其中广西博物馆有16件近现代文物被定为一级文物。3月10日至4月19日，举办《中国广西民间艺术展》到日本熊本、都城、宫崎、鹿儿岛、大牟田等五个城市展出。4月19日至26日全区文博馆所长文物法规政策研讨班在文艺干校举办，主要学习文物法规、文物建档等。这时全区已有103个文博单位。5月5日，广西历史文博专业证书班在广西民族学院举行开学典礼，本馆未有学历者均参加了学习。6月23日至29日召开了本馆二级文物的审定会。8月16日，文化厅对博物馆领导班子进行了换届，蒋廷瑜为馆长，刘世昌为党总支书记，覃义生、黄启善为副馆长。为迎接广西博物馆成立六十周年，编辑出版了《广西博物馆建馆六十周年论文选集》《广西文物考古报告集》等。

1995年，博物馆新建的一栋宿舍楼竣工，有一部分职工搬入新居。同时，又着手兴建两栋新宿舍楼，维修民族文物苑。举办《李济深捐献文物展》。开展职称评定工作，有2人申报正高职，报国家文物局高级评委会评定并获通过。

1996年，除了两个固定陈列展，还举办了《世纪丰碑——纪念中国红军长征胜利六十周年图片展》《历世达赖班禅敬献中央政府礼品展》《党的好干部孔繁森同志事迹展》等，观众达18万多人次。原国家主席杨尚昆参观了本馆古代铜鼓展，接待了朝鲜前总理等10多批外宾的参观。同时，把《一代伟人毛泽东》《总设计师邓小平》《元帅展》《纪念反法西斯抗战胜利五十周年图片展》等分别送到龙州、防城等县市展出，观众达30多万人次。开展了各种夏令营活动。配合基本建设，开展了横县江口新石器时代贝丘遗址、贵港火车站扩建工程中7座汉墓发掘。对合浦县财政局工地22座汉墓的发掘，获得一批重要的文物。配合中科院考古所到南宁、柳州、象州、贵港、桂平、平南、梧州、贺县、邕宁、桂林、临桂、灵川等10多个县市进行文物调查，发现50多处史前文化遗址。对馆藏150件一级文物进行建档，并鉴定出二级文物2000余件。11月，由本馆主持筹备的中国南方及东南亚地区古代铜鼓和青铜文化第三次国际学术讨论会在桂林召开。完成了一批科研项目。3月，彭书琳、陈左眉、陈文、谢光茂应越南考古研究院的邀请，到越南进行了为期15天的学术访问。谢光茂于12日赴香港出席跨越文化与社团——南中国及东南亚人类学国际会议。

1997年，为迎接香港回归，举办《香港回归》和《香港祖国情》大型图片展。中央政治局委员、书记处书记、中宣部部长丁关根，常务副部长刘云山，国务院副秘书长刘奇葆等领导参观了本馆的两个固定展。与区共青团联合举办"粤桂港千名少年儿童手拉手交流营"。开展"博物馆一日学"活动。配合基建对贵港市瓦塘乡的蕉林冲遗址、腾冲口遗址、长训岭遗址和那坡县感驮岩遗址作抢救性发掘，获得了一批珍贵的文物。在贵港火车站扩建工程中又发掘8座汉墓，在全州县凤凰乡龙尾巴发掘9座汉墓，在桂平市大塘城发掘1座汉墓。对贺州宋代钱鉴遗址进了发掘。与中国社科院考古所、南宁市博物馆合作发掘邕宁县顶蛳山新石器时代贝丘遗址，发掘面积达500多平方米，发现墓葬149座，有181个个体人类遗骸，出土大量的陶片、石器、骨器、蚌器等文物，取得了重大的学术成果，被评为1997年全国十大考古新发现。在南宁市豹子头发掘170多平方米的贝丘遗址。在百色田阳县百峰乡濑奎村发掘了一处旧石器时代遗址，发掘面积160多平方米，出土文物140多件。完成

1994年4月28日，全国人大副委员长李沛瑶到我馆参观。

1981年11月，全国政协副主席刘澜涛到我馆参观。

1993年，全国政协副主席钱伟长到我馆参观。

1989年12月12日，中央军委洪学智上将到我馆参观。

一、二级文物珍品目录的编写工作。邀请香港古物古迹办事处邹兴华馆长在本馆作《香港考古的历史与现状》的学术报告。覃义生参加了在北京大学举办的21世纪中国考古学发展趋势高级研讨班的学习。熊照明参加北京大学考古学系举办的青铜文物保护研修班。唐柳青、席国芳、王萍、秦燕妮等参加在桂林举办的讲解员培训班。陈景国参加了在泰安举办的文物交流一级风险单位负责人培训班。和艳参加了国家文物局在泰安举办的全国文物会计培训班。

1998年，为迎接自治区成立四十周年，自治区拨出专款对博物馆大楼进行改造维修，对民族文物苑内的壮楼、苗楼进行了加固维修，对瑶楼进行落架重建，并对《古代铜鼓陈列》和《广西民族民俗展览》两个固定展览进行重新布置。举办《广西文物珍品展览》《民族魂》摄影艺术展和《人民的好总理》图片展。接待观众达19万多人次。

配合基本建设工程，对资源县晓锦新石器时代遗址进行了发掘。这是广西第一次发掘文化层较厚，具有居住遗址、墓葬，又有制陶、烧陶窑遗物共存的遗址。我国著名考古学家安志敏教授亲临现场指导。对北海、合浦东汉墓进行了发掘。对隆林县那米洞遗址进行了再度发掘，获得了一批古生物化石和古人类化石。维修龙州红八军军部旧址和钦州刘永福故居等。

1999年，配合基本建设，在象州县发掘南沙湾贝丘遗址。与日本人合作研究出版《北流型、灵山型铜鼓》报告。完成铜鼓王的复制课题。开展文物夏令营活动。组织人员开展红水河流域原始文化、铜鼓文化、崖洞葬文化的研究工作。

2000年5月30日，文化厅对博物馆领导班子进行了换届，任命黄启善为馆长兼党总支书记，蓝日勇、吴伟峰为副馆长。根据中央关于在县级以上党政领导班子、领导干部中深入开展以讲学习、讲政治、讲正气为主要内容的党性党风教育的精神，学习活动从4月20日开始至8月底结束。对馆内二层机构进行调整，撤消开发部、技术部，新成立业务后勤部。调整后的二层机构有办公室、后勤部、财务科、保卫科、老干科、文物队、陈列部、保管部、群教部、图书资料室、民族文物苑、工会十二个部门。在职人员有107人，其中研究员4人、副研究员16人、馆员53人。

7月，与广州西汉南越王墓博物馆合作在广州举办《古岭南的西部文明——广西瓯骆文物展》。

8月，由自治区政府主持本馆负责筹展的2000年北京《西部大开发文化经济展示周——广西图片展》，荣获组委会颁发的

"最佳设计奖"和"最佳组织奖"。举办了《广西史前考古新发现》、《中国龙文化展》等20多个临展，丰富了群众的精神文化生活，活跃了博物馆阵地。全年观众达20多万人次，其中外国来宾300多批次。与广西农垦卫校、南宁职业技术学院开展了"博物馆一日学"活动，并与南宁职业技术学院建立了馆校"爱国主义教育基地"。配合南宁国际民歌节在青秀山举行了《走进美丽的广西》图片展，扩大了博物馆宣传力度和知名度。

积极派人参加学术活动。先后参加在宁夏召开的2000年国际岩画学术研讨会、在桂林召开的中国青花梅瓶国际学术讨论会以及2000年广西钱币学术讨论会。出版了两期《中国古代铜鼓研究通讯》。先后派出4批共9人参加彩瓷鉴定班、文物保护管理班和国家文物局在敦煌举办的全国遗址保护培训班、在郑州举办的文物安全技防培训班。有11个部门派出36人分7批到北京、上海、浙江、江苏、河北、河南、陕西、四川、重庆、云南、湖北、湖南、天津、广东的省市博物馆参观学习。这是建馆以来人数最多、规模最大的一次外出参观学习活动。同年9月，又组织全馆64人到百色新落成的百色起义纪念馆参观学习。同时邀请加拿大、意大利、希腊、越南等外国考古专家在本馆作学术报告。

投资数万元安装陈列展厅电风扇，解决了展厅通风不良的问题。投资4万元改造维修建政路宿舍区电路老化的问题。

10月12日至17日，派人出席在北京召开的全国博物馆工作会议。这是一个满怀信心地把中国博物馆事业推向21世纪，迎接中华民族文化的全面复兴的大会。

10月底，为制定广西文物保护、博物馆事业"十五"发展规划，多次派员参加讨论。

11月21日，全区文物工作会议在南宁召开，容小宁厅长作《抓住机遇，明确任务，振奋精神，努力开创世纪之交广西文物工作新局面》的报告。

12月20日，国家文物局、公安部、自治区公安厅和文化厅等单位派出领导和专家，对广西博物馆花100多万元安装的技防系统进行验收。

2001年2月12日，本馆第一期电脑培训班开班。这是本馆在进入新世纪时开办的首次培训班，为逐渐建立起办公自动化和进入网络化管理打下了基础。

3、4月间，派人到百色、广东等地收集百色旧石器资料，为《百色旧石器》一书绘图、拍摄照片及准备有关文字资料。配合

2004年2月28日，文化部赵维绥副部长等领导参观我馆。

2002年11月16日，文化部周和平等领导到我馆参观。

2000年11月22日，国家文物局局长张文彬等领导到我馆指导工作。

1990年10月，国家文物局副局长马自树等领导到我馆指导工作。

六兴、合浦高速公路的建设以及隆安金鸡滩水库淹没区、长洲水库淹没区、百色水库淹没区文物的调查工作，新发现古遗址、古窑址、古墓葬97处。完成了桂林甑皮岩遗址、灵川县南朝明墓、合浦汉墓、崇左明清墓以及三峡万州黄陵嘴遗址的考古发掘，获得一批珍贵文物。完成百色红七军旧址、柳州柳侯祠等11处古建的维修方案编制工作。由于库房文物保管人员调动较大，对书画库、出土文物库、传世文物库的3658件（套）文物进行了清点移交。新入库文物209件。新安装了库房电梯。派员参加文化厅的全区藏品大检查。完成了南宁、河池、梧州、贺州等地市的22个县馆所的库房检查工作。举办赴京《声震神州——滇、桂、黔铜鼓大观》《光辉历程——纪念中国共产党成立八十周年图片展》等18个展览。全年观众达18.3万人次。配合学校教育，开展了"班会学"、"一日学"和"馆馆通"等活动。派人参加在延安举办的全国讲解员比赛活动，荣获集体三等奖和个人三等奖。年内先后派出37人分8批参加国家文物局等部门举办的业务培训班，有56人分别到法国、宁夏、青海、四川、重庆、西藏、河池、柳州等地参观学习，开拓了视野，增长了知识。参加了在英国爱丁堡召开的第19届国际玻璃学术讨论会和在南京召开的太平天国起义150周年暨罗尔纲诞辰100周年纪念座谈会等学术活动，发表了20多篇文章。

6月，吴伟峰、潘郁生等人赴法国普夏地区博物馆参观，并为文物展选择场地。

7月，组建16人的民族歌舞表演队，每天在民族文物苑壮族戏台演出。表演壮族板鞋舞、侗族多耶舞等原汁原味的少数民族风情歌舞节目，丰富了民族文物苑的展示内容。

自8月2日至11月，根据自治区党委和人民政府领导的指示，对博物馆陈列大楼进行改造维修。因此，成立了有文化厅领导参加的领导小组，对改造维修工作进行布置，邀请有资质的设计单位进行设计。先后两次组织13家设计单位进行设计，出13个方案100多幅图纸，预算投资约3500多万元。虽此项目未落实，但却花费了很大的精力。对办公室进行了改造维修，基本上实现空调化、办公自动化。全年投入资金购买电脑、复印机、空调、照相机、打字机、传真机、扫描仪等固定资产达185万元，是建馆以来办公用品购买量最多的一次，为博物馆事业的发展创造了良好环境，显示出"二变四多六突破"的新面貌。

2002年2月，博物馆党总支改选，黄启善任党总支书记，蓝日勇为副书记。经研究并报上级批准，成立信息资料研究部。筹备成立广西博物馆学术委员会。3月13日，全区文物工作会议在南宁召开。邀请国家文物局专家作生态博物馆的讲演。

5月27日至6月7日，我馆派出4人到越南进行参观访问。这是广西博物馆成立以来第一次派出代表团访问越南博物馆，与越南博物馆界进行了广泛的交流。配合基本建设，在百色市革新桥发掘一处大型的新石器时代石器加工场，发现2万多件半成品石器。此项发掘被评为2002年全国考古十大新发现之一。配合三峡水电工程，在重庆市忠县新生三队和洋渡新街发掘了一批墓葬。在合浦县发掘的两座汉墓和横县秋江遗址、合浦大浪古城的发掘，为寻找汉代合浦港和海上丝绸之路始发港提供了新的考古材料。开展了洛阳至湛江铁路广西段、岑溪至王陵段、柳州环城公路、平乐至钟山高速公路、百色东笋、大新上利、田东洞巴、平乐八江口、长州水库和龙滩电站水淹区的文物调查。编制对桂平金田起义遗址、梧州中山纪念堂、田东檀河旧石器遗址、富川百柱庙、桂平三界庙、梧州特委、柳州东门楼、恭城湖南会馆、南宁新会书院、南宁雷经天故居、灌阳关帝庙、河池市文庙、大化都阳土司衙署门楼的维修方案。

9月20日，应陕西历史博物馆之邀，在陕西历史博物馆举办了《揭开神秘面纱——广西壮族自治区民族文化展》，展出文物130件套。展览新颖独特，加上打铜鼓、织壮锦、抛绣球、民歌演唱等现场表演，吸引大量的观众。举办临时展览16个。全年接待观众达20.6万人次。先后接待了中宣部、文化部、司法部、中纪委、广东、陕西以及越南、泰国、日本、加拿大、俄罗斯、法国等国内外宾客达250多个团次。特别是5·18国际博物馆日，仅当天就接待观众2万多人次，被文化厅评为国际博物馆活动日二等奖。对民族苑内的壮族戏台进行了落架重建。

首次与邮局共同制作《八桂瑰宝》邮折，为广泛宣传广西博物馆起到积极的作用。年内收到第二批赞助款43万元。这是广西博物馆有史以来接收到的金额最大的一次社会捐赠资金。9月26日至29日，由工会组织全馆职工95人到越南参观学习。这也是博物馆成立以来第一次大规模组织人员到国外参观学习。派人参加中国博物馆学会第四次年会、国际博协亚太地区第七次年会、澳门社科学会第十五届年会、中国陶瓷研究会年会等学术活动。特别是首次在广西博物馆举办的中国南方古玻璃学术研讨会，收到了十分良好的效果，会后出版了论文集和专著《中国古代玻璃技术》。另外，还派出5批19人先后到了越南、德

2002年9月29日，国家文物局副局长张柏等领导到我馆指导工作。

2004年2月28日，国家文物局副局长童明康等领导到我馆指导工作。

1975年，韦国清到我馆参观。

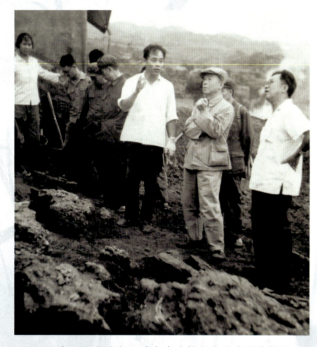

1973年，区党委书记乔晓光在扶绥恐龙化石发掘现场视察。

2002年3月27日，香港周南先生来我馆参观。

国、埃及、港澳地区进行学术交流，派出17人到北京、扬州参加杂项高级鉴定研修班、博物馆信息管理和信息化技术运用、古玉器鉴定提高班、书画鉴定和修复高级研修班的培训。年内又投入100多万元购买汽车、幻灯机、投影机、电脑、扫描仪、空调、打印机、手提电脑、摄像机、音响、电梯等设备，为发展博物馆事业奠定坚实的基础。

9月29日，国家文物局副局长、党组副书记张柏，文物司司长杨永军等领导到博物馆视察工作，并参观了中国古代铜鼓陈列、广西民族民俗陈列展览。到11月底，广西的文博单位已发展到105个，有国保单位22处60点、区保单位276处。根据国家人事部要求，全馆所有专业人员都参加有关加入世贸组织知识的学习，并参加了全区专业技术人员几个法律知识的统考，取得了较高的分数。

2003年是一个不平凡之年，突如其来的非典疫情笼罩着祖国大地，轰动了全世界。博物馆在5月间被迫关门，停止开放，以抗击非典的传染。经过全体员工的努力抗击，取得了无人被感染的好结果。7月，按照自治区党委的布置，全区开展解放思想再讨论工作，全馆上下通过集中学习、自学、中心组学、各部门每星期五下午固定学、出板报、写文章等多种形式进行学习，写出体会文章90多篇，时间持续了半年之久。

配合基建，在合浦发掘汉墓。其中风门岭6号汉墓出土一批极为珍贵的文物，如一对铜牛在全国汉墓中属于少见的文物。在百色田阳等地开展了旧石器的调查，在田阳发现一处较大规模的旧石器遗址。

举办了《广西首届民间文物收藏精品展》，自治区人民政府吴恒副主席亲自为展览剪彩，展出文物300多件。举办《广西民间收藏历代钱币展》《广西民间收藏毛泽东纪念章》特展等20多个临时展。全年观众达20多万人次。派人参加在桂林召开的华南与东南亚史前考古暨桂林甑皮岩发掘三十周年学术活动。参加在湖南召开的中国陶瓷研讨会，在广州的岭南考古第三次年会。本馆黄启善、蓝日勇、覃义生、韦江等人被中山大学岭南考古中心聘为研究员，张凯、林峰被聘为文物鉴定员。与广西民族学院、河池文物站联合开展了对河池地区民间收藏铜鼓的调查与研究，拟出版《河池民间铜鼓》专著。

这一年，全馆有在职职工104人、离退休职工50人、临时工47人，设有业务办公室、业务后勤部、财务科、保卫科、老干科、文物队、保管部、陈列部、信息资料研究部、民族文物苑管理部、群教部，其中正研4人、副研18人、馆员56人。在这一年，全体员工团结奋斗，抗击非典，在文物考古、文物保护、陈列展览、科学研究等方面都取得巨大的成绩。百色革新桥新石器时代石器加工场遗址的考古发掘被评为全国十大考古新发现之一，同时也被评为全国田野考古三等奖。本馆参加发掘的桂林甑皮岩遗址也荣获全国田野考古二等奖。《百色旧石器》一书由文物出版社正式出版。此书汇集了30年百色旧石器考古调查、发掘的研究成果，对研究人类起源及东西方早期文化交流有着重要的价值，使人们对百色旧石器以至整个东亚南部旧石器研究有一个比较全面和系统的了解。

为了进一步弘扬中华民族的文化，应法国普夏区博物馆的邀请，我馆举办的《中国广西古代文物巡回展览》到法国展出。与广西供销学校、南宁九中、十三中等建立爱国主义教育基地。积极开展"博物馆一日学"等活动，收到了良好的社会效益。先后接待泰国、越南、日本、法国、美国、新加坡等国际友人和全国人大、国务院、中央党校、江西、安徽等省区的领导参观。全年接待国内外观众达26万多人次。中央电视台、广西电视台等多次作了专题报道，广泛地宣传广西。共派出12人参加国家文物局举办的文物考古所长、古建所长、安全技术防范等培训班学习。蓝日勇、傅广宁、梁旭达、谢光茂、林强、林峰、张凯等十多人到法国、比利时、德国、奥地利、意大利、梵帝冈等国家参观访问。有60人到湖南土家族博物馆和土家族风情园参观。通过参观学习，更新了知识，开拓了视野，提高了业务能力和水平，在各项业务工作中发挥了重要的作用。

2004年为了加大对文物的保护，对百色、隆林、田林、桂林、崇左等地区的水电站、水淹区、高速公路等基建项目中的文物进行调查和发掘。出版《广西铜镜》《广西考古文集》《广西博物馆七十年》等专著。举办《广西七十年馆藏文物精品展》和《广西五十年考古成就展》。开展建馆七十周年纪念活动，并以此为契机，大力弘扬民族文化，充分发挥博物馆在三个文明建设中的作用。

回首环顾，广西博物馆七十年的发展历史，可以说是从无到有，从小到大。它的每一步前进都是与中国文博事业的发展息息相关，都与广西少数民族政治、经济、文化等方面的发展紧密相连，都与广西博物馆全体员工的努力分不开。虽然在博物馆成立不久，就遇到日本帝国主义的入侵，国破山河碎，民不聊生，博物馆几度搬迁，馆名多次更改，文物受损严重，尽

2002年，曹伯纯、李兆焯、赵富林等区领导到我馆参观。

1999年，区党委副书记陆兵到我馆参观。

2003年7月，区文化厅容小宁厅长参观广西民间文物收藏展。

2001年8月28日，国家文物局张文彬局长等领导参观在中国历史博物馆展出的声震神州铜鼓展，并在铜鼓王前合影留念。

1991年3月，区党委书记赵富林到我馆参观。

2002年12月，区政府副主席袁凤兰、吴恒视察我馆改造方案。

管如此，广西博物馆仍在风雨飘摇之中拼搏。正如鲁迅先生在广西博物馆成立之际，应首任馆长廖葛民先生的请求，寄赠的条幅所言"风号大树中天立，日薄沧冥四海孤，杖策且随时旦暮，不堪回首望菰蒲"。由此可见，鲁迅先生对广西省博物馆的发展寄予很大的希望，希望我们要如同那暴风雨中的大树一样，坚定不移，以顽强的毅力进行拼搏抗争。全国解放后，广西文博事业如枯木逢春，迅速发展壮大。如今广西博物馆已成为广西文博事业发展的龙头馆，正在沿着21世纪的道路奋勇前进。

展望未来，任重而道远。我们将抓住机遇，开拓进取，与时俱进，加快改革，扩大开放。特别是南博会将在南宁召开，为发展广西又提供了一个十分有利的时机。我们一定要调动和发挥一切积极因素，团结奋斗，为繁荣和宏扬民族文化，为发展文博事业，为实现中华民族伟大复兴而积极努力地工作。

莫乃群

廖葛民　馆长（1934.7——）

贺亦然

高国材　馆长（1943.10——）

许务民
组长、书记（1973.9—）
馆长、书记（1979.9—1980.8）

蒋廷瑜
副馆长（1984.11—）
馆长、书记（1985.3—1989.3）
馆长（1994.8—2000.5）

贾鸿起
馆长、书记（1982.2—1985.3）

牛玉祥
总支书记（1986.2—1987.5）

谢居登
馆长（1989.1—1991.2）

蒲中泽
总支书记（1987.5—1994.8）

何乃汉
馆长（1991.2—1994.8）

刘世昌
书记（1994.8—2000.5）

李予同
副馆长（1963—1981.11）

王克荣
副馆长（1979.9—1985.3）

张世铨
副馆长（1984.11—1987）

吴崇基
副馆长（1984.11—1994.8）

邱钟仑
副馆长（1985.3—1994.8）

巫惠民
副馆长兼自然馆馆长
（1992.2—1994.8）

覃义生
副馆长（1994.8—2001）

现任馆领导班子在开会研究工作（2004.3.12）

黄启善
副馆长（1989.2—1994.8）
自然博物馆馆长（1994.8—2000.5）
馆长、书记（2000.5—2003.5）
馆长（2003.5—）

陈远璋
书记（2003.6—）

蓝日勇
副馆长（2000.5—）

吴伟峰
副馆长（2000.5—）

何乃汉，汉族，研究馆员。历任广西博物馆馆长、文物队队长、保管部主任等职。从事文博工作40年，专长于史前考古。发表的考古报告和论文20多篇，有5篇论文获奖。其学术贡献主要是对贝丘遗址的研究有所开拓，重新确立我国南方中石器的存在，引起了学术界的关注；在一个地区旧石器时代如何具体向新石器时代过渡的研究上有所突破；对广西民族考古中的一些重大问题，也有独到的见解，如秦汉时期广西封建、奴隶两种制度并存，骆越非百越族群说等。享受政府津贴。主要研究方向：史前考古。

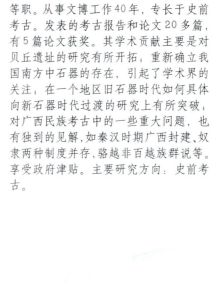

蒋廷瑜，汉族，研究员。北京大学考古专业毕业，长期从事田野考古工作。历任文物工作队队长、广西博物馆馆长。出版专著（含合著）10种。《铜鼓史话》获全国优秀历史读物奖和广西社会科学研究优秀成果二等奖。发表论文70余篇。《岭南出土石戈探微》获广西社会科学研究优秀成果二等奖。1990年被评为广西有突出贡献的科技人员，享受政府津贴。主要研究方向：古代铜鼓、考古学等。

黄启善，壮族，四川大学历史系考古专业毕业。历任广西博物馆副馆长，广西自然博物馆馆长。现任广西博物馆馆长，研究员，中国博物馆学会第四届理事，广西文物收藏家学会副会长，中山大学岭南考古中心研究员。长期从事文物考古工作，主持贵县、合浦、昭平等地大规模的汉墓考古发掘。曾到英国、美国等参加国际玻璃学术讨论会。发表论文《广西古代玻璃的研究》等50多篇，主编《百色旧石器》《广西博物馆古陶瓷精粹》等专著。荣获国际酒文化优秀论文奖1项；国家级钱币研究一等奖1项；省级社科优秀成果奖三等奖4项；省级社科优秀成果佳作奖2项；省级历史学优秀成果奖三等奖1项；省级考古博物馆学优秀成果二等奖1项；省级钱币研究优秀成果奖一等奖1项、三等奖2项。主要研究方向：中国古代玻璃、钱币等。

邱钟仑，汉族，研究馆员。云南大学历史系毕业。曾任广西壮族自治区博物馆副馆长。是中国博物馆学会理事、中国西南民族研究学会理事、广西考古博物馆学会副会长。现为中国岩画研究中心特约研究员、联合国教科文组织国际岩画委员会委员。长期从事文博工作，尤其对古代铜鼓和岩画等领域研究较深，发表论著多种，主要有《广西古代铜鼓研究》《骆越与铜鼓》《广西左江岩画》《中国岩画全集》（第五卷）等。多次出席在国内外举行的国际岩画学术研讨会。人名收入国际岩画委员会编《岩画名人录》。主要研究方向：岩画、古代铜鼓。

陈远璋，汉族，研究馆员。四川大学历史系考古专业毕业。现任区文化厅调研员、区文物管理委员会办公室副主任兼区博物馆党总支书记。长期从事考古、文物研究、保护及管理工作。在民族考古方面，尤其是在岩画领域的研究有较深的造诣，对新石器时代考古、古代铜鼓、古建筑以及文物的保护管理等诸方面也有较深研究。著有《中国古建筑之旅》广西分册，合著《广西左江岩画》。策划、编辑《广西文物珍品》。发表论文、报告等20余篇以及各类文物保护方案、规划数十份。荣获广西社会科学研究优秀成果奖二等奖，广西文博专业学术研究成果一等奖、二等奖，广西历史学会优秀成果奖二等奖。被区文化厅评为先进工作者，受到区政府表彰。主要研究方向：岩画和文物保护。

吴崇基，侗族，研究馆员。1956年毕业于桂林民师，1963年在中央美院版画专业学习，长期从事陈列艺术设计和民间美术研究。曾任广西博物馆副馆长、广西美协副主席。美术作品有《侗乡三月三》《金鼓长鸣》《铜鼓雕塑群》等，曾获广西文艺创作"铜鼓奖"、中国"鲁迅版画奖"、全国文博战线先进工作者和自治区有突出贡献奖。

蓝日勇，壮族，研究馆员。北京大学历史系考古专业毕业，长期从事文物考古工作。现任广西博物馆副馆长、党总支副书记、广西文物工作队队长。为中国古代铜鼓研究会理事、广西历史学会理事、中山大学岭南考古研究中心研究员。合作出版专著4部，发表专业论文30余篇。获广西社会科学研究优秀成果二等奖2项、三等奖2项，广西历史学会优秀成果一等奖1项，广西文博学会学术成果一等奖1项、二等奖1项。主要研究方向：青铜器、秦汉考古。

覃义生，壮族，研究员。北京大学历史系考古专业毕业，长期从事田野考古研究工作。曾任文物队副队长、广西博物馆副馆长兼文物队队长。是中国考古学会理事、中国古代铜鼓研究会理事、中山大学岭南考古研究中心研究员。具有考古发掘个人领队资格。发表考古、文物、民族、历史等领域的研究论文和报告30余篇。与人合作翻译日文论文30余篇和日文长篇小说《两个祖国》。主要研究方向：广西史前文化、秦汉考古。

郑超雄，壮族，研究馆员。南京大学历史系考古专业毕业。曾任陈列部主任。是广西壮学会副会长、西南民族学会理事、广西考古博物馆学会理事。发表的论文有《广西贵县罗泊湾汉墓漆画与长沙马王堆汉墓帛画文化异同论》等40余篇，出版《壮族审美意识探源》等专著3本，与人合著3本。是国家"九五"社科重点项目《壮族文化史》第二名参与者，广西"十五"社科重点项目《壮族文明的起源》主持人。主要研究方向：壮族历史文化的考古学研究。

韦仁义，壮族，研究馆员。曾任文物队副队长、中国考古学会会员、中国古陶瓷学会理事。长期从事文物考古与研究工作。发表《武鸣马头墓葬与古代骆越》《广西北流河流域青白瓷窑及其兴衰》等论文和考古发掘报告20余篇。其中《宋代广西青绿釉瓷及其与耀州窑的关系》获广西考古博物馆学会研究成果一等奖，合著《广西陶瓷》获广西历史学会优秀成果奖。主要研究方向：古陶瓷。

黄须强，汉族，研究馆员。广西艺术学院雕塑专业毕业，长期从事展览设计。设计的"全国福利企业展"、"全国社会成就展"的广西馆分别获三等奖、优秀奖。持有"全国城雕创作设计"资格证。作品有民族文物苑仿古群雕、隆安烈士纪念碑像等。

彭书琳，汉族，研究馆员。广西大学毕业。主要从事古生物化石和古人类研究，发表学术报告和研究论文40余篇，其中《试论广西的有肩石器》获广西社会科学研究优秀成果二等奖。主要研究方向：古人类学。

李光军，汉族，研究馆员。西北大学历史系毕业。曾在博物馆工作多年，从事考古和陈列的工作。发表论文30多篇，内容涉及历史、考古、民族、钱币等方面。主要论文有《秦"工师"考》《秦汉亭考述》《广西出土铜器官铭考》《瓦氏夫人的两个问题》《论原始掠夺婚》《广西古代货币的几个问题》等。是《壮族百科词典》撰稿人之一和《中国十文铜元研究》编写组成员。主要研究方向：古钱币、历史学。

黄增庆，壮族，广西国立桂林师范学院史地系毕业，长期从事文物考古工作，主持过大量的文物考古发掘，是著名的壮族考古学家。对左江岩画和古代铜鼓有专门的研究，与他人合著《壮族通史》等3部专著，发表《从文化遗存浅说壮族文化特点》等论文30余篇，其中《壮族通史》和《从文化遗存浅说壮族文化特点》荣获广西社科研究优秀成果一等奖。

庄礼伦，汉族，研究员。中山大学历史系毕业，长期从事文博工作，在古代铜鼓研究方面有一定成果。发表《古代铜鼓的纹饰》等论文7篇，与人合作的著作1部。主要研究方向：古代铜鼓。

奖状

大石铲（新石器时代）

铜鼓王（汉）

铜卣（商）

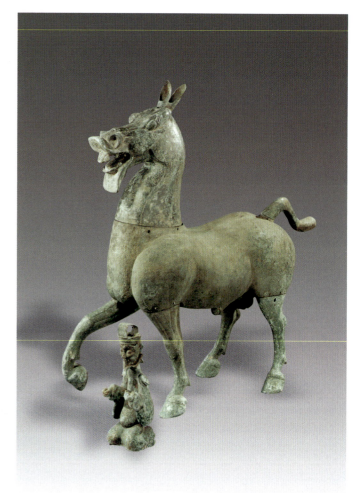

瓷腔腰鼓（宋）

铜牛（汉）

铜马（汉）

铜凤灯（汉）

瓷腔腰鼓（宋）

风四篇图卷之一　马和之（宋）

立马图轴　徐悲鸿（近现代）

中国红军第七军第一纵队第一营第四连连旗（近现代）

37

陈
列
展
览

古代铜鼓陈列（局部）

广西民族民俗展览（局部）

世界铜鼓之王

2002年11月22日，法国普夏大区博物馆馆长参观古代铜鼓陈列室。

1993年12月，区党委书记赵富林、区政府主席韦纯束等领导出席一代伟人毛泽东图片展。

1999年9月30日，区党委书记曹伯纯、区政府主席李兆卓参观建国五十周年广西社会成就展。

1998年2月,人民好总理——纪念周恩来诞辰一百周年大型图片展。

2002年5月,区政府副主席张文学参观中日两国书画展。

1996年9月25日,世纪丰碑——纪念中国工农红军长征胜利六十周年图片展在本馆展出。

1996年8月,孔繁森同志事迹展在本馆展出。

2003年7月,区政府副主席吴恒等领导为广西首届民间文物收藏精品展剪彩。

2002年12月,区党委书记曹伯纯参观在本馆举办的吴西将军百岁寿辰书法作品展。

2000年，西部大开发文化经济周——广西文化展在北京端门展出。

2002年9月10日，陕西省领导为在陕西历史博物馆举办的广西民族文化展剪彩。

2001年，区政府副主席张文学、区人大副主任李振潜等领导参观艺术生产实践与科技成果展。

2001年8月27日，声震神州铜鼓展在中国历史博物馆展出。

2004年1月4日，区党委副书记潘琦、区党委宣传部长沈北海为在本馆举办的中国第二届西部书画展剪彩。

1991年11月17日，台湾山地歌后温梅桂参观铜鼓展。

1995年2月15日，俄罗斯客人参观我馆。

1993年12月15日，越南国防部长段奎
参观我馆。

2003年11月，广西民间收藏历代钱币特展在
本馆展出。

2003年9月，法国普夏大区博物馆馆长向客人介绍
在该馆展出的广西古代铜鼓。

2001年11月25日，南非国民议长参观我馆。

学术交流与科研成果

1991年，中国南方及东南亚地区古代铜鼓和青铜文化第二次国际学术讨论会在南宁举行。

2002年12月27日，干福熹院士、区文化厅于瑺副厅长等出席中国南方古代玻璃学术研讨会。

2001年2月，区博物馆文物队的考古工作者欢聚一堂，迎接新世纪。

2002年，国际博物馆馆长高峰论坛在上海召开，我馆派员参加。

2003年，越南民族博物馆访问我馆。　　　中日合作研究铜鼓小组正在工作

2002年，越南考古专家阮文好在我馆作学术报告。

中美学者在百色旧石器发掘现场进行学　　2002年5月28日，我馆出访越南民族博　　1999年，我馆学者在日本大阪国立民
术交流　　　　　　　　　　　　　　　物馆，进行学术交流。　　　　　　　　族学博物馆进行学术交流

2003年，蓝日勇副馆长在法国与博物馆　　2002年，法国普夏大区博物馆馆长观看
同行进行学术交流。　　　　　　　　　民族文物苑歌舞表演。

专著照片　　　　　　　　　　　　　　　2001年，第一期电脑培训班开学。

考 古 成 果

1998年11月21日，邕宁顶蛳山贝丘遗址发掘现场。

2002年，百色革新桥新石器时代遗址发掘现场。

1976年，国家文物局局长王冶秋在罗泊湾第一号汉墓发掘现场指导工作。

1984年，兴安县石马坪汉墓发掘现场。

1976年，贵县罗泊湾第一号汉墓发掘现场。

2002年，百色革新桥新石器加工场遗址发掘现场。

2002年，田东县百渡旧石器时代遗址发掘现场。

2002年，百色上宋村旧石器时代遗址发掘现场。

2003年，合浦县风门岭6号汉墓发掘现场。

1998年，香港东涌马湾涌遗址发掘现场。

1997年12月29日，那坡县感驮岩遗址发掘现场。

富川县石柱庙彩绘保护现场

2001年，桂林甑皮岩遗址发掘现场。

民族文物苑管理部

民族文物苑寨门

民族文物苑管理部全体员工合影

品尝油茶

民族文物苑成立于1988年，占地面积2万多平方米，是广西民族民俗展览的室外延伸和扩展。苑内建有壮楼、瑶楼、苗楼、侗楼、毛难楼等富有特色的民居、风雨桥、鼓楼、寨门、戏台、民族手工作坊以及铜鼓群雕、铜马、铜镇等雕像。其间配以石林、水池和奇花异树。民居内辅以生产工具、生活用具和民族工艺品原状陈列。手工作坊区内有制陶、造纸、榨油、民间酿酒和蜡染等表演。壮楼内有壮家姑娘织锦、刺绣等现场表演。壮族戏台上有充满民族风情的板鞋舞、多耶舞、竹杆舞、芦笙舞等表演。苗族吊角楼上有风味独特的蕉叶糍、凉粽、油茶、五色糯米饭、竹板鸡等多种民族小吃和菜肴。步入苑内，民族风情扑面而来，壮乡瑶村苗寨可望可及；民族历史文化有声有色，令人赏心悦目，流连忘返，吸引着无数中外游客。自建成以来，费孝通、宋任穷、洪学智、丁关根等中央领导到此参观指导，费孝通副委员长还亲自为本苑题名，接待了南非议长贝姆基等国外政要以及中外游客200多万人次。

目前，民族文物苑管理部在岗人员有7人，主要从事文物苑景区内的民族文化展示、民族风味饮食、景点安全、维修保护、环境卫生、园林绿化、对外开放和工艺品经营等工作，为宣传广西、弘扬民族文化、发展文化产业作出了积极的贡献。

1993年，民歌艺术节时在民族文物苑表演迎宾舞。

苗族芦笙舞

民族文物苑内表演的壮族竹竿舞

奖状

1988年，在民族文物苑内表演的"狮子上金山"。

打油茶

中央军委洪学智上将、区政府原主席覃
应机等领导在苑内品尝民族风味食品。

手工制陶表演

民间造纸表演

民间榨油作坊

侗族鼓楼

侗族风雨桥

广西文物工作队办公楼

文物工作队全体工作人员合影

文物工作队办公室

　　文物工作队成立于1974年9月，与广西博物馆合署办公，1979年调整为广西博物馆内设机构，对外称广西文物工作队。担负全区文物调查、考古发掘、文物研究和文物维修保护工作，是目前全区惟一具有团体考古发掘资格和国家文物局认定的文物保护工程勘察设计乙级资质、施工二级资质的业务部门。内设四个研究室和一个图书资料室。目前在岗人员有20人，其中研究馆员2人、副研究馆员11人、馆员5人。

　　三十多年来，配合大藤峡、天生桥、长洲、平班、百色、龙滩、岩滩等大型水电站和南宁至北海二级公路、南宁至百色、桂林至梧州高速公路、南宁至昆明铁路等数十项重点工程建设，进行了文物调查勘探。对田东县百渡、百色市上宋、革新桥、邕宁顶蛳山、资源县晓锦等史前遗址和平乐银山岭战国至汉代墓、武鸣马头先秦墓、贵县罗泊湾汉墓、合浦县文昌塔、凸鬼岭、风门岭六号墓以及藤县中和窑、兴安严关窑、北流岭峒窑等实施了科学的考古发掘。对忻城莫土司衙署、桂平三界庙、百色红七军军部旧址、柳州东门城墙、柳侯祠、恭城湖南会馆、富川百柱庙、南宁新会书院、西林县岑氏建筑群等数十处文物保护单位进行了维修保护。还承担了10多项国家和本队科研项目，出版《广西文物考古报告集》《百色旧石器》《广西考古文集》等专著，发表了大量的考古报告和学术论文。邕宁顶蛳山新石器时代遗址和百色革新桥新石器时代遗址的发掘先后被评为全国十大考古新发现，桂林甑皮岩遗址和百色革新桥遗址分别荣获第五届田野考古奖二、三等奖。

2002年，全国十大考古新发现奖状。

全国十大考古新发现领奖大会

奖状

保管部全体工作人员合影

办理文物入库

文物库房

　　保管部成立于1979年，前身为1950年成立的文物保管组，内设文物藏品库、文物修复室、文物保护实验室和书画装裱室。担负着藏品征集、文物鉴定、藏品管理、文物保护等重要职责。

　　藏品库现存出土、民族、陶瓷、书画、杂项等各类文物44236件。其中一级文物152件、二级文物1701件、三级文物42383件。历年来，重点抓了藏品管理、藏品登记、文物分类、入库排架、藏品编目、统计建档、检查清点、修复保养、通风排湿、防尘灭虫、库房卫生等保护管理工作，力求做到制度健全、账物相符、鉴定确切、编目说明、档案完善、备案及时、保管妥善、查用方便。1998年增设电脑室，着手藏品软件包开发，向电脑化管理迈进。

　　目前，保管部在岗人员有15人，其中副研究馆员3人、馆员11人、管理人员1人。近年来，结合馆藏文物开展科学研究。先后参与了《中国西南地区历代石刻汇编》《广西出土文物》《广西铜鼓图录》《广西文物珍品》《广西馆藏文物珍品目录》《广西博物馆古陶瓷精粹》《六琴书室珍藏书画选集》《八桂丰碑》等专著的编纂与出版工作，并发表了藏品管理、陶瓷、铜鼓、修复、装裱等方面的研究论文多篇，还成功地完成了汉代铁器保护的科研课题。

古代铜鼓库

出土文物库

电脑室

裱画室

1994年4月，国家一级文物鉴定组专家与我馆工作人员合影。

修复室

实验室

奖状

陈列部

陈列部成立于20世纪70年代末，其前身是陈列展览组，设内容设计和形式设计两个工作组。80年代末民族组并入陈列部，形式设计组分离成立技术部。2000年技术部归并陈列部。目前，陈列部在岗人员有10人，其中副研究馆员2人、馆员8人。

本部担负着文物陈列展览和科学研究的重任，先后举办了《广西历史文物陈列》《广西革命文物陈列》《太平天国革命在广西历史陈列》《古代铜鼓陈列》和《广西民族民俗展览》等基本陈列展览。每年还举办各种临时展览。其中包括各个专题的文物展览，配合党的中心工作、思想政治教育活动或各种纪念性的图片和文物展览。此外，还举办各种专门的文物展览赴北京、西安、深圳、广州、香港等地以及日本、美国、法国等国展出。在地方史、民族史、民族学、文物考古以及陈列艺术设计等领域的研究方面取得了丰硕的成果，发表和出版了一批论文、学术专著及艺术作品。其中太平天国、中法战争史、辛亥革命史、中共党史、文物考古、铜鼓研究、岩画研究、壮族历史与文化、民族文物、美术和摄影等方面的调查、研究和创作成果尤为突出。

陈列部全体工作人员合影

内容设计人员在讨论

摄影室

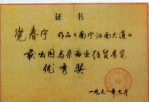
奖状

形式设计人员在工作

群教部全体工作人员合影

博物馆大楼序厅

古代铜鼓展览

　　1958年，本馆举办《广西近百年史文物大展》，开始招聘第一批讲解员，在馆办公室设讲解组。这就是群众教育部的雏形。1978年广西壮族自治区成立二十周年之际，在民族大道新建成的博物馆陈列大楼举办《广西历史文物陈列》《广西古代铜鼓陈列》《广西革命文物陈列》《太平天国革命在广西》等展览。为宣传讲解这些陈列展览，重新招收了一批讲解员。次年正式成立群众教育工作部。1986年，群众教育工作部更名为群众教育部。

　　目前，群众教育部在岗人员有17人，内设讲解、展厅、外联、票务四个组。负责博物馆的观众组织、展览讲解、展厅值勤、票务销售、对外宣传、辅助教学、组织临时展览等工作。设有普通话、粤语、英语、瑶语四个语种的讲解。每年接待国内外观众10万人（次）以上。近年还引进大量的临时展览，开展爱国主义教育基地和博物馆"一日学"、"馆馆通"等活动。2001年派员参加全国革命纪念馆"延安杯"讲解邀请赛，荣获集体三等奖和个人三等奖。

2001年，群教部唐柳青同志在延安参加全国讲解比赛，荣获三等奖。

广西民族民俗展览（局部）

2001年10月6日，在博物馆"一日学"活动中，学生正在回答主持人所提问题。

2002年，在南宁市朝阳广场举行5·18国际博物馆日活动。

2001年10月6日，学生在跳多耶舞。

2001年10月5日，唐柳青同志在民族民俗展厅为学生作讲解。

2001年12月1日，南宁六家博物馆联合举办"馆馆通"系列宣传活动。

开展博物馆"一日学"活动中的学生在宁明花山崖画参观留影

2000年12月27日，与南宁市职业技术学院共建爱国主义教育基地。

2001年与南宁市第十三中学共建爱国主义教育基地

2003年与南宁市第十九中学共建爱国主义教育基地

2004年1月8日与广西供销学校共建爱国主义教育基地

2002年5月18日，在朝阳广场的市民观看宣传板报。

2001年10月15日，黄路同志在铜鼓展厅为学生作讲解。

广西文物夏令营留念
1992.8.1 于南宁

1992年8月1日，区政府副主席李振潜、区政府原副主席贺亦然和教育厅、文化厅、军区等单位领导参加夏令营开营仪式并合影留念。

布置临时书画展

奖状

保卫科全体工作人员合影

保卫科技防控制中心

奖状

保卫科成立于1985年1月，前身是办公室的保卫组。保卫科是博物馆文物安全保护监督管理的职能部门，其职责是维护全馆治安秩序，预防和打击犯罪分子的破坏活动，同治安灾害事故作斗争，确保馆藏文物及国家财产的安全，为文物收藏、陈列、科研等业务活动创造一个安全的环境。

保卫科现有工作人员8人。长期以来，采取"人防、物防、技防"相结合的办法，坚持每天24小时值勤警卫。1982年安装第一代技防工程设备，1998年建成第二代大型技防系统，利用现代化技术手段对重点要害部位进行昼夜监控。1982年以来，曾多次荣获国家文物局、公安部授予的"全区文物安全保卫工作先进集体"和广西文化厅、公安厅授予的"全区文物安全工作先进集体"称号，有15人（次）受到国家文物局、公安部、广西文化厅、南宁市人民政府、市公安局的表彰。

信息资料研究部

信息资料研究部全体工作人员合影

工作人员在办公

线装书库

图书资料库

奖状

　　本部1971年以前为办公室的资料室，1971年资料室隶属文物保管组，1979年12月从文物保管组分离出来后正式成为一个业务部门，2002年5月更名为信息资料研究部。其职能是汇集、收藏与文博专业和本地区相关的图书资料，为馆内各项业务工作和科研活动提供文献、图片等信息资料服务。负责采编、阅览、书库管理、旧书修补、报刊装订、计算机应用及学术研究等工作。拥有古籍线装书、平装书、报刊杂志等四个书库。收藏图书7万余册，其中古籍线装书30716册、手抄本601册、平装书25500多册、各类报刊杂志合订本700多册、电子光盘读物20多张。

　　目前，信息资料研究部在岗人员有7人，其中研究馆员和副研究馆员各1人、馆员5人。除做好图书采编、书库管理、图书借阅、报刊阅览等日常工作外，近年还注重科学研究。撰写《博物馆资料室专业图书馆的特色服务》等论文6篇，有的在相关刊物上发表，有的参加全国性的学术座谈会。此外，还承担广西"十五"科研项目，完成了《壮族文明的起源》一书初稿的撰写。

业务办公室全体工作人员合影

档案室

档案室

　　20世纪50年代至60年代初博物馆未设馆长时，办公室主任起到统领全馆工作的作用，其工作范围包括文秘、打字、收发、人事、接待、党务、图书、讲解、财务、后勤、保卫等十多个项目，工作人员多达20人。随着事业的发展，群教、保卫、财务、后勤等部门相继建立，缓解了行政的压力，加上人员构成的变化和专业技术职称评定的需要，1991年1月更名为业务办公室。其工作由传统的单一管理型向复合型转变，成为集管理与科研于一体的职能部门。

　　目前，业务办公室在岗人员有4人，其中副研究馆员1人、馆员2人、管理员1人。其职能主要是围绕全馆的工作重点，为馆领导、各部门和全馆员工服务，发挥参谋、助手和协调的作用，负责文秘、打字、复印、收发、人事、接待、党务等方面工作。历年来，在行政、党务和业务方面做了大量工作，取得了显著的成绩，曾多次获上级机关的肯定或奖励。业务方面，除了参与《广西壮族自治区博物馆重建三十周年论文选集》《考古人类学》《广西铜镜》等7本专著的编写，还发表学术论文10多篇。

奖状

业 务 后 勤 部

区博物馆建政路32号宿舍区

业务后勤部全体工作人员合影

区博物馆配电房

奖状

区博物馆交通工具

　　业务后勤部成立于2000年，其前身是1986年5月以前设在办公室的总务组和1986年6月成立的行政科。其职能主要是负责全馆的基建工程、房屋维修、对外租赁、土地管理、房改管理、资产管理、水电、卫生、绿化管理、社区联络、公用交通、车辆管理、办公用品采购、实物库房管理和对外行政事务联系等。

　　目前，业务后勤部在岗人员有6人，其中馆员3人、高级技工3人。近年来，在馆舍维修、资产管理、对外租赁、水电管理等方面做了大量工作，全馆办公环境有所改观，租赁资金按时如数收缴，成绩突出，曾多次获馆奖励。

区博物馆民族大道34号宿舍区

财务科全体工作人员合影

财务人员在办公

奖状

　　财务科成立于1991年6月，前身是办公室的财务室。其职责是严格按照国家《会计法》和相关的财经方针、政策以及博物馆的财务制度，做好会计核算、财务和固定资产的管理工作。具体负责馆内各项业务支出的核算与管理。综合分析业务活动过程中的收入和开支情况，提出科学管理的措施和建议。编制年度财务预算，合理控制费用支出，确保全馆各项业务工作顺利开展。做好记账、算账、报账、报缴税费、编制财务报表等工作。管理国有固定资产，建立登记卡，防止国有资产流失。定期向领导提供财务收支管理情况等。

　　目前，财务科在岗人员有4人，其中副科长1人、会计2人、出纳1人，具有馆员职称的2人、助理馆员2人。科室员工认真学习国家财政部制定的《会计基础工作规范》，结合实际，不断改善和加强会计基础工作，使员工的业务水平和工作效率不断提高，会计工作也逐步实现规范化，取得了显著成绩。2002年6月，顺利通过了区财政厅会计基础工作规范检查小组的考核验收，取得了会计基础工作规范单位证书，并连续多年获区直文化系统财务报表评定一等奖。

离退休人员管理科

老干科管理人员在办公

　　20世纪70年代末至90年代中期，离退休人员管理工作隶属办公室，1996年成立离退休人员管理科。其职能是落实党对老干部的政策、政治待遇和生活待遇，发挥老干部的特殊作用和影响以及对维护改革、发展、稳定大局的作用，使老干部"老有所学、老有所养、老有所医、老有所乐、老有所为"。现有离退休老干部49人，设一名专职干部管理日常工作。为老干部订阅书报，定期组织学习，交流思想，沟通信息，通报党政重大决策和馆内工作情况。解决他们的困难，住院探望，年节慰问和生日祝寿。组织老年活动，安排健康疗养，外出参观。先后到了越南河内、下龙湾、湖南张家界以及区内各地考察，使老干部心情舒畅，安度晚年。因工作成绩显著，1999年荣获区文化系统老干部工作先进个人和先进老干部活动室称号。另外，还兼管计划生育工作，曾连续多年获南宁市新城区人口与计划生育工作目标责任制管理一等奖及先进个人称号。

奖状

区博物馆离退休人员合影（2004年）

工会副主席贾志光同志在办公

2000年春节团拜会

1999年1月，工会组织会员到桂平参观太平天国起义旧址，并在西山合影。

　　20世纪50年代中期，本馆曾成立工会小组，隶属南宁市文化工作者工会省文化局基层委员会。工会委员会由7名委员组成，其中主席1人、副主席1人。全馆现有会员104人，设1名副主席主持日常工作。

　　工会的职责是维护职工合法权益。依法为本馆职工办理了《房屋所有权证》。办理扩建住房的手续，为知识分子改善住房条件。送温暖捐款活动，帮扶困难员工。组织职工外出参观学习，曾先后到了百色革命老区、桂平太平天国金田起义发源地、越南河内、湖南张家界等地学习考察。开办工会活动室，内设卡拉OK、跳舞、围棋、扑克牌等项目，购置桌球、乒乓球、羽毛球、气排球等文娱体育用具，经常组织体育比赛和游园会，活跃职工的业余生活。还组织工会法和房改等各种知识竞赛，出版工会宣传板报等，提高职工学习的积极性，增强职工的法制观念。

1991年12月12日，我馆职工在大王滩参观学习。

2000年9月，工会会员在参观百色起义纪念馆时合影。

2003年11月，工会组织赴湖南省张家界参观学习。

2003年团拜会上，我馆职工正在表演节目。

2003年团拜会上，我馆职工正在表演节目。

2002年，工会组织赴越南参观学习。

奖状

2001 年 7 月 1 日，馆党总支全体党员合影。

2002 年 7 月 1 日，党总支全体委员在主席台上。

2002 年 7 月 1 日，举办党的知识竞赛活动。

区文化厅韦奉祯组长在我馆作学习十六大报告

2001 年，文化厅举行先进基层党组织领奖大会，本馆代表上台领奖。

2001 年，为党建知识竞赛活动优胜支部颁奖。

奖状

1995年11月，国家文物局古代一级文物专家组正在确认我馆一级文物。

1991年7月，红七军老战士、解放军装甲兵部队政委莫文骅将军将30件古字画、古陶瓷等文物捐献我馆。

2003年12月，广西博物馆汉代铁器保护项目通过专家组验收。

1994年3月12日，香港爱国人士邓禹向我馆捐献文物。

1994年4月，国家文物局近现代一级文物专家组正在确认我馆一级文物。

1992年在容县举行第二次全区馆藏一级文物评审会

2003年春节团拜会时，文化厅于瑛副厅长专程赶来慰问博物馆老干部。

奖状

1978年12月6日，广西博物馆在民族广场新建的大楼落成。

奖状

1934 年

7月1日，广西省立博物馆正式成立，在南宁市共和路省教育厅旧址办公。省政府任命廖葛民为馆长。设自然科学部和历史文化部。馆长兼自然科学部主任，成启宇任历史文化部主任。全馆职工有36人，每年经费17000多元。馆藏文物和自然标本20000件。其中动植物、矿产等自然标本12000件，历史文物2000件，民族文物100多件，文艺、教育、工商、农产等5000多件。

7月，设展览室13间，布置27305件展品，观众达88774人次。同月，制订了铜鼓调查表分发各县。后据邕宁等11个县调查报告，共发现20面铜鼓。其中邕宁2、天河县3、临桂县7、岑溪、西隆、陆川、怀集、融县、桂平、凌云、凭祥县各1。从南宁、宾阳、永淳、南丹、都安等县征集到铜鼓7面。

9月，制订名胜古迹古物调查表及碑碣摩岩调查表分送各地，进行调查登记。

9月3日至1935年1月1日，收集碑碣摩岩石刻拓片1190多份。

12月9日至1935年4月，成启宇、唐瑞斌、陆新堂、梁泗洁、雷国生等到大瑶山进行民族文物调查，获瑶族文物80余件、动物标本950余件、植物标本2850余件、矿物标本30余件。

1935 年

1月30日，廖葛民馆长等人在苍梧县多贤区夏郢圩附近的凤凰山麓雇请20名民工，发掘一座晋大兴元年莫候之墓，出土瓷器和汉九子铜监。

5月9日至9月上旬，尹光廷等人到天保、龙州进行动植物标本采集。植物标本采集到6720件，动物标本采集到1650件。

1936 年

10月5日，抗日战争爆发前夕，省政府迁至桂林。

1937 年

3月，奉省政府令，将广西省立博物馆改名为广西省立南宁博物馆。

1939 年

11月15日，日军藉海空军的掩护，从钦州湾、防城龙门港强行登陆，北犯南宁。

11月23日，日军占领南宁市。为此，博物馆奉令向田东、天保县疏散。职员迁往田东工作，古物及名贵物品则运至天保县后封存于岩洞中。

1940 年

11月，南宁光复，将全部物品由天保经田东，再经南宁、梧州水道运到桂林。抵桂林后，为了避免敌机轰炸，仍将所有物品封存于七星岩内。

1943 年

10月，桂林西南展览会结束，各方将展品赠送博物馆。为此，博物馆乃呈奉省政府核准，暂借文昌门外象鼻山脚忠烈祠为馆址。廖葛民馆长因事辞职，省政府任命高国材为馆长。高到职以后，遂将展览会展品及七星岩所存物品启封，积极筹备展览。这时，教育部通令全国各省要成立一所科学馆，省政府认为科学馆组织规程与博物馆内部组织相似，为了节省开支及筹备麻烦，遂将博物馆改为科学馆。

1944 年

4月1日，广西省立博物馆改名为广西省立科学馆，高国材仍奉命为馆长。

6月，由于日寇大肆进犯湘北，长沙、衡阳相继失守，桂林各机关奉令疏散。博物馆将封存于七星岩内的文物及西南联展的物品，捡选价值较高、体质较轻且小、易于搬运的装成50余箱，候命搬迁。后由于运费太少，又改装成30箱，运至平乐县。

7月2日，文物运抵平乐，暂安置在省立平乐医院内。

9月间，因局势吃紧，又从平乐往贺县搬迁。所有文物运到贺县永庆乡新连村中心校存放。

1946 年

3月，省政府指定旧王城省临时参议会旧址、省府花园旧址、独秀峰下水塘全部、前绥署宿舍等地为博物馆馆址。

9月，高国材馆长率领职员2人前往贺县，将疏散文物用专车运回桂林。

1947 年

1月6日，省政府按内政部令，认为历史博物馆、通志馆、图书馆等研究工作相似，拟合并为文献委员会，为此成立广西文献委员会筹备会，聘任黄旭初为主任，封祝祁、李任仁为副主任，裴本初、朱尧元为专员，着手筹备。

4月间，省政府指定桂林市中正东路八桂厅广西建设研究会旧址为省文献委员会会址。

5月5日，广西省文献委员会正式成立。黄旭初为主任委员，封祝祁、李任仁为副主任委员，委员有陈树勋、蒋继尹、苏希洵、陈剑修、瞿念劬、陈劭先、郑建宣、岑永杰、曹现之、吕集义、梁岵庐、黄朴心。同时成立了各专门委员会，设置有历史文物审查鉴定委员会、文献期刊编辑委员会、战时散失文物收集委员会、总务组、整理组、编纂组六个部门。

11月30日，在桂林市八桂厅召开了第一次历史文物审查鉴定全体委员会会议。

1948 年

1月1日，在桂林市八桂厅举办首次文物展览，展出古籍、书画、金石、陶瓷、标本等文物。

5月5日，在桂林市八桂厅举办第二次文物展，展出钱币、陶瓷器、书画等。

6月9日，省政府决议省文献委员会归民政厅主管。

8月2日，省文献委员会招待广西通志馆、广西科学馆的主要职员，商谈今后的工作。

10月10日，在八桂厅举办第三次文物展，展出文物119件，观众达2万多人次。

1950 年

4月1日，广西文物馆筹备处在桂林成立，刘介任主任委员。机构设置有革命文物组、历史文物组、总务组、民族文物组。总务组负责人为秦志卿。

5月12日，接收前广西省通志馆移交文物，计有历史文物926件、印章100颗、石刻拓片3467张。

8月至11月，接收广西省科学馆移交历史文物318件。

9月，在桂林图书馆举办文物展览。

1951 年

春节，广西省文物馆筹备处在桂林八桂厅举办书画及文物展览。这是广西解放后举行的第一次展览，观众达45408人。

3月至4月，林泮觉、谢劭安赴全县、龙水、新民等地征集文物。征集金石81件、陶瓷373件、碑帖650件、字画305幅、图书3356册、其它文物391件。

4月至5月，林泮觉赴永福县崇头山、大岭面等地进行文物征集工作，共计征集书画289件、图书658册、碑帖124件、瓷器78件、其它文物53件。

5月，广西省隆安县老农俞善述将珍藏20多年的瑞金民主政府时期的农民协会旗帜一面赠送给国家。

6月29日，刘介参加中央访问团访问广西各兄弟民族，购获民族服饰31件。

10月，省文教厅拨交民族服装、银器、鞋帽168件，铜鼓1面，古生物化石13件。接收桂林市人民政府移交广雅斋古物商店文物，共计图书938册，金石、陶瓷131件。在龙州征集文物资料163件。

1952 年

1月至5月，分5个征集组赴各地开展征集工作。

第一组于1951年12月21日至1952年4月26日，赴南宁、宾阳、横县、永淳等县，征集文物14922件。

第二组于1951年12月17日至1952年5月15日，赴玉林、陆川、博白、北流、容县、兴业、桂平、苍梧、梧州、岑溪等县，征集文物29777件。

第三组于1951年12月17日至1952年5月15日，赴钦州、合浦、灵山、北海等县，征集文物22197件。

第四组于1952年元月10日至2月24日，赴柳州、融县、柳城、来宾、鹿寨等县，征集文物2041件。

第五组于1952年2月1日至5月12日，赴平乐、钟山、富川、贺县、恭城、荔浦等县，征集文物3438件。

参加征集文物的工作人员有林泮觉、陈千钧、徐家和、方一中、苏康甲、梁鸿鸣、裴本初、胡冠杰、谢劭安、徐廷召等。

7月，中央文化部、中国科学院、北京大学联合主办考古工作人员训练班，至1955年共举办四届。我馆先后选送方一中、梁友仁、黄增庆、巫惠民、何乃汉参加学习。

同年，分别在永福县、全县县城举办历史文物展览。在南宁市文化馆举办《伟大的祖国》展览，观众达83467人次。

12月28日，动员全馆力量，并与桂林图书馆、民族师范学校等单位合作，开始筹备《广西民族文物展览》。

1953 年

1月4日，《广西民族文物展览》在桂林市开幕。展出铜鼓、面具、民族服饰、倮文、回文、碑拓、农具等314件。参观人数达25872人次。

3月中旬至4月底，刘介、苏康甲、谭毅然前往武汉参加中南地区民族文物图片展览第一馆工作。

7月1日，广西省文物馆筹备处改组为广西省文物管理委员会和广西省博物馆筹备处，一套人马合署办公。

8月至9月，派员修缮合浦海角亭、容县真武阁和宜山县白龙洞。

10月至12月，协助桂林市文教局，修缮云峰寺、象山普贤塔、开元寺、舍利塔等古建筑。

12月，为庆祝桂西壮族自治区成立，在南宁市举办《广西民族文物图片展览》，展出11天，观众达119685人次。

6月至12月，调查北流葛仙洞，博白宴石寺，贵县南山寺，玉林万花楼，桂平西山各庵寺，全州湘山寺、妙明塔，兴安灵渠以及城台岭古墓葬、锁湘塔、乳洞石刻、古严关，桂林舍利塔、云峰寺、花桥、西山石刻、靖江王墓群，合浦东山寺，北海王龙岩，灵山六峰观等名胜古迹保护情况。

兰启辉任馆办公室秘书，梁光选任文物采集队队长，方一中任考古组组长。

1954 年

苏联国立革命博物馆致函广西省博物馆，介绍博物馆工作和任务。

3 月中旬，广西省文物管理委员会和广西省博物馆筹备处由桂林市搬迁南宁市，在经文街南一里五号与广西省文史馆合署办公。

5 月中旬至 9 月初，动员全馆力量，对馆藏文物和资料进行全面清理和登记，入藏文物达 29135 件。

7 月至 1955 年 5 月，配合黎（塘）湛（江）铁路建设，在贵县清理古墓 187 座，出土各类文物 4141 件。12 月分别在桂林、贵县举办出土文物展览，于柳州举办少数民族文物展览，观众达 68508 人次。

9 月至 10 月，在田东、田阳、东兰等地征集红七军革命文物，赴贵县、桂平、平南等地调查太平天国史料，并征集到少数民族文物 2100 件。

同年，在南宁市举办综合性文物展览。

1955 年

1 月至 5 月，赴罗城、上林、邕宁、贵县、来宾等地采集古生物化石标本。采集各类化石标本 354 件，征集革命文物 100 余件。在收购废铜中发现一面铜鼓，重 30.5 公斤。

5 月 25 日，梁光选等 6 人参加广西太平天国文史调查团，前后到石龙、武宣、藤县、蒙山、昭平、桂林、兴安、全州等市县调查，为期 70 天。调查工作完毕，编写《广西太平天国文史调查团调查报告》一书，并由广西人民出版社出版。

7 月 16 日至 7 月 24 日，在南宁举办《广西省出土文物展览》，观众达 58535 人次。

8 月，桂林市文化馆移交我馆各种卫生模型、各类昆虫标本、矿物标本共 158 件。

11 月 29 日，中国科学院南京古生物研究所研究员王钰等到南宁地区采集无脊椎动物化石标本，方一中协同工作。

12 月 20 日，我馆办公楼在南宁市人民公园动工兴建，由南宁市建筑工程公司第二施工所承包，造价 11164.16 元，后又追加 881.40 元。1956 年 2 月 8 日工程竣工交付使用。我馆由经文街南一里五号搬至新址办公。

满景祚任自然组组长。

1956 年

1955 年冬至 1956 年春，我国考古学家裴文中、贾兰坡教授率领中国科学院古脊椎动物研究室广西洞穴调查队到广西调查山洞旧石器遗址。方一中、黄增庆、何乃汉、巫惠民参加工作。先后到来宾、上林、武鸣、崇左、大新等县调查山洞。在来宾县发现麒麟山人头骨化石。这是我区解放后首次发现的旧石器时代晚期古人类化石。在大新县黑洞的洞穴堆积中找到巨猿牙齿 3 枚和一批哺乳动物化石。

4 月，黄增庆、何乃汉赴贵县发掘汉墓 4 座。

5 月，南宁市文化工作者工会省文化局基层委员会成立，兰鸿恩为主席。我馆成立工会小组，组长为谭毅然。

8 月，经过多年筹备，广西省博物馆对外开放，在南宁市人民公园本馆陈列厅展出《广西自然标本和出土文物》。为了满足广大观众的要求，展览日夜开放，干部轮流值班，观众达 131649 人次。

10 月 16 日至 1957 年 1 月 16 日，派员赴宜山、凤山、天峨、河池、环江、大苗山、三江、融安、全州、资源、兴安、龙胜等县调查和征集民族文物和中央红军长征过桂北的革命文物。

10 月 30 日，出土文物陈列室展出文物深夜被盗，盗走东汉金叶 1 片、金戒指 6 只、金鼻塞 2 只、鎏金扣 1 只、金珠 4 颗、西汉金饰 1 片。案发后，经过公安人员侦查，罪犯落网，但文物已被损坏。

12 月 15 日，中央文化部就广西省博物馆陈列室文物被盗事件通报全国，并提出展出金银器一律用复制品代替。

1957 年

1956 年冬至 1957 年春，以中国科学院南京古生物研究所副所长赵金科教授为首的古生物调查队一行 11 人到广西各地调查采集无脊椎动物化石标本，巫惠民参加工作。

以裴文中教授为首的中国科学院古脊椎动物研究室广西调查队到我区调查山洞遗址。柳城县农民覃秀怀挖岩泥发现巨猿下颌骨化石，经裴文中教授鉴定，为更新世早期巨猿下颌骨。调查队立即集中力量到柳州地区调查，并组织力量首次发掘柳城楞寨山巨猿洞。该洞先后出土三具巨猿下颌骨化石和数百枚巨猿牙齿化石，何乃汉参加了发掘工作。先后在广西各地拣选巨猿牙齿化石 1000 多枚。

5 月 8 日至 7 月 23 日，梁光选、方一中、徐家和、巫惠民等组成文物普查工作组，赴忻城、大苗山、蒙山、平乐、恭城、富川、贺县、北流、玉林、容县、博白、桂平、贵县、梧州等市县进行文物普查工作。这是广西开展的首次文物普查。

5 月 15 日至 7 月 20 日，黄增庆、谢劭安、吴荣鸿等赴兴安县进行文物调查工作，重点了解灵渠、秦城遗址等保护情况。

8 月，中国科学院南京古生物研究所副所长赵金科教授陪同苏联科学院古生物研究所古生态研究室主任盖格尔教授到广西考察古生物地层工作，方一中、巫惠民协同工作。先后到邕宁五象岭、横县六景等地泥盆纪地层，采集了腕足类等化石标本，还到北海市采集现代珊瑚等。

同年，在贵县清理汉墓 17 座，赴兴安县清理汉墓 4 座，出土文物 655 件。文管会考古组编印《人人保护文物》宣传画、《文物政策法令》、《历年地震、水灾表》，文字编辑为徐家和、巫惠民，摄影为满景祥。《广西自然标本和出土文物陈列》继续展出，观众达 93641 人次。

1958 年

中共广西博物馆、广西第二图书馆支部委员会建立。赵荆生为博物馆小组组长、办公室秘书。

5 月，筹备《广西近百年革命文物展览》，计划赴全区各地巡回展出。

7 月中旬至 9 月 18 日，《广西近百年革命文物展览》赴梧州、桂林、柳州市巡回展出。

8 月 27 日至 9 月 8 日，由赵荆生领队，组成广西赴博参观组，赴上海、南京、江苏、山东、河南等省市参观。这是建馆以来第一次派人外出参观学习。

10 月 1 日，为庆祝广西壮族自治区成立，举办《广西近百年革命文物展览》。中央代表团团长贺龙副总理亲临我馆参观。

10 月 2 日至 10 月 28 日，玉林地区文物普查试点工作开始，梁光选、方一中、黄增庆、梁鸿鸣、吴荣鸿、巫惠民等参加。发现革命遗址 15 处，古建筑 2 处，古城址 2 处，征集革命文物 67 件，建立文物保护单位 10 个。

12 月至 1959 年 2 月，方一中、王克荣等先后赴梧州、柳州、百色三个专区主持文物普查工作。广西师范学院历史系师生 30 人、上述三个专区每县抽一名文化馆干部参加工作。

1959 年

3 月，方一中、邱钟仑等协助南宁专署举办南宁专区文物普查训练班，每县抽文化馆一名干部参加学习。

3 月中旬至 4 月初，方一中、邱钟仑赴老口水库范围的左、右江沿岸调查文物，发现平果万人洞摩崖石刻 4 方，岩画 6 处，新宁州记石碑 1 方。

4 月至 7 月，为庆祝中华人民共和国建立十周年，区人委文教办沈章平主任、伍能明科长负责革命文物馆的领导工作。我馆人员全力以赴，投入《广西革命历史文物陈列》的筹展工作，组成 6 个征集工作组，分赴全区各市县进行革命文物征集工作，共征集革命文物 1727 件。

5 月至 7 月，在区文艺干校举办文物博物馆干部训练班，方一中为班主任，馆业务干部充任专业课教师。各地、市、县学员 42 人先后到石龙县博物馆参观，到贵县进行考古发掘实习。

7 月至 12 月，为庆祝中华人民共和国建立十周年，国家民委在北京民族文化宫举办全国各自治区民族经济文化成就展览，莫婕航、朱艳萍赴北京参加广西馆的筹展和讲解工作。

10 月 1 日，为庆祝建国十周年，在《广西近百年革命文物展览》的基础上进行补充修改的《广西革命历史文物陈列》正式展出。以后又经充实提高，重新布展，以《广西近百年革命史陈列》展出。内容设计为刘立道、吴荣鸿、蓝启辉、邱钟仑、王克荣、

巫惠民、丁连城、何乃汉，形式设计为黄文德。

10 月，丁连城等赴北京购买文物，种类有字画、瓷器共 124 件，费用 9278 元。

12 月，王克荣、邱钟仑赴田东县指导右江革命纪念馆进行陈列设计和布展工作。馆党支部正式建立，赵荆生为书记，丁连城为副书记。省文化局任赵荆生为馆办公室主任，蒙丽华为秘书。

1960 年

1 月，全国人大常委会副委员长，民革中央主席李济深先生（苍梧县人）捐赠文物（字画、陶瓷、古铜器、印章等）910 件、廿四史一部。巫惠民赴北京办理交接手续，并运回全部捐献文物，拨交前通志馆的图书、资料给自治区通志馆。

2 月，由保管组负责筹备、举办《古代书画展览》正式开幕，观众达 10584 人次。

3 月，赵荆生等出席中央文化部在北京召开的全国文博工作会议。

5 月 11 日至 15 日，在中国科学院古脊椎动物与古人类研究所的指导下，我区在柳江县举办柳州地区古脊椎动物与古人类化石知识训练班，学员有 33 人，来自柳州地区各县文化馆和部分中学生物教师，方一中、何乃汉主持工作。贾兰坡教授和李有恒助理研究员授课，广西医学院、广西师范学院也派老师讲课。

7 月，中央文化部文物局王冶秋局长来馆参观《广西革命历史文物陈列》，并向全馆干部职工作报告。同行的文物局文物处张珩处长对馆藏字画进行了比较全面的鉴定。

8 月 1 日至 31 日，由我馆与美协广西分会联合举办的《广西壮族自治区一九六〇年书画展览》正式展出。

8 月，玉林、桂林两专区文物普查工作开始，邱钟仑、黄增庆主持普查工作。桂林市文管会、广西师范学院历史系 100 名师生、中山大学历史系 41 人参加工作。

8 月，王克荣、邱钟仑、巫惠民编写《广西文博常识》。全书约 6 万字，介绍建国以来我区文物博物馆事业发展新面貌、历年发现的重要文物和全区重点文物保护单位。

9 月至 11 月，为纪念太平天国金田起义 110 周年，我馆筹备《太平天国革命运动专题展览》，分别派员赴桂平、蒙山、北京、南京、上海等地征集太平天国革命文物和史料。

9 月，为支援农业第一线，我馆下放干部 14 人到县基层单位工作。

9 月 22 日，拨赠文物 82 件给广西师范学院历史系文物陈列室，供该院教学使用。

1960 年至 1961 年春，丁连城赴上海、北京等地购买文物（书画、瓷器）1242 件，费用 64221.06 元。

丁连城任陈列组组长，王克荣任历史组组长。

1961 年

1 月，北京师范大学关瑞梧教授三姐妹（苍梧县人）将其父

关伯珩遗藏文物，计有瓷器、铜镜、古钱币、字画总共83件，捐赠我馆珍藏。

1月11日，为太平天国金田起义一百一十周年纪念日。我馆举办的《太平天国革命运动》专题陈列正式展出。

4月，邱钟仑等赴百色、田东、田阳、巴马、邕宁、上思等县征集革命文物，筹备《革命文物展览》。

4月，为了筹备我馆自然之部陈列，赵荆生、班逢生等人赴贵州省参观。

4月至7月，方一中等赴来宾、阳朔、崇左、荔浦等县调查古生物化石地点和文化遗址的保护情况。

7月1日，为中国共产党诞辰四十周年纪念日。我馆举办《广西革命文物展览》开幕，当天观众达4269人次。

9月至1962年2月，保管组组织人员清理和鉴定馆藏字画。

11月，班逢生等赴贵县西江农场征集自然之部陈列展品，剥制近千斤重的良种大肥猪一头。

10月至12月，丁连城主持，派3个征集小组，分赴各市县，进行自然之部陈列展品的征集工作。

黄淑文任办公室秘书。

1962 年

1月至4月，《广西自然之部展览》进入全面布展阶段。全馆大部分人员投入筹展工作。

3月，聘请江苏省苏州市于明大师傅来馆修裱古字画。李举荣、李达林跟随于师傅学习。两年中修裱古字画303件。

4月12日，阿尔巴尼亚部长会议副主席凯茉齐率代表团到我馆参观《太平天国革命运动》专题陈列，区党委书记伍晋南陪同。

4月9日至5月3日，区文化局、文管会组织文物保护情况调查组，由吴克清副局长带队，分别到贵县、桂平、平南、容县、北流、玉林、梧州、藤县、柳州、忻城、桂林、恭城、兴安等市县进行调查工作。

5月，我馆举办的《广西自然之部展览》正式展出。6月，越南民主共和国胡志明主席来馆参观《太平天国革命运动》专题陈列和《广西自然之部展览》，自治区人委主席韦国清陪同。

4月至8月，我馆成立四个小组，进行清仓核资工作。

6月，李鸿庆、张权赴梧州市博物馆、桂林市文管会、容县文化馆协助鉴定文物和介绍文物保管方法。

6月，香港爱国人士杨铨先生捐赠文物（书画）162件。

7月31日，黄增庆参加花山壁画考察团赴宁明等地考察。

8月2日，召开全区文物博物馆工作会议。各地、市、县代表55人参加了会议，区文化局副局长吴克清作了"加强领导、积极做好文物博物馆工作"的报告，赵荆生等出席。

9月至12月，方一中主持的区重点文物保护单位"四有"工作组，分赴26个市县，对53处区重点文物保护单位进行"四有"工作检查，建立文物保护小组61个，发展文物通讯员38人。

10月至12月，陆仰渊、邱钟仑赴隆林等县征集民族文物和

社建文物，共征集铜鼓42面、民族文物60件、社建文物53件。中科院古脊椎动物与古人类研究所广西工作队到柳城、宜山、河池、恭城进行洞穴调查，何乃汉参加工作。

12月，香港爱国人士杨铨先生捐赠古字画5件，本馆干部李鸿庆捐赠字画、瓷器18件。

1962年，保管组刘殿林、李鸿庆等对馆藏历史文物、革命文物进行清理和鉴定，分级编制藏品卡，调整排架，计有革命文物319件、历史文物9199件。

同年，国家拨款85930元，维修容县、博白、柳州、恭城、桂林、贵县等市县古建筑和革命纪念建筑，许忠等主持维修工作。

卢华任自然组组长，刘殿林、莫真权先后任保管组组长。

1963 年

1月，经区文化局批准，我馆与区展览馆合并，馆址由南宁市人民公园迁往民主路展览馆办公，原博物馆办公楼和两座陈列楼分别暂借区文联和区第二图书馆使用。

2月9日，《广西自然之部展览》迁往区展览馆东楼继续对外展出。我馆与南宁市总工会联合主办的《社会主义教育展览》正式展出。

2月21日至6月10日，方一中、王克荣主持，我馆与南宁地区各县文化馆专业人员组成工作组，对地区各县进行文物普查，共收集历史、革命文物600件，发现古人类遗址3处、新石器时代文化遗址58处、古建筑9处、古窑址5处、古墓葬10处、石窑造像1处、岩画8处。

3月，广西历史学会成立，郭沫若、翦伯赞等历史学家到会祝贺并讲了话。会议期间，郭沫若、于立群、翦伯赞等来馆参观。参观铜鼓展览后，郭老填词一首："铜鼓云屯，欣赏了壮家文化，中心处，一轮皎日，光芒四射，俏象周天辰十二，云波层迭纹多真，边缘成对伏青蛙、伏牛马，径寻丈，壮而大，径咫尺，精而雅也，并非千篇如卦，东汉马援曾此见，道光年号界其下，细思量，当是盖窖藏，鼓非也。"

4月13日，拟订《广西壮族自治区1963年至1982年文物博物馆工作规划》，提出成立自治区文物工作队，成立专、县文管会，成立岩画保管所。五年内完成全区文物普查任务。对铜鼓、岩画、土司制度进行专题调查研究。对各级文物保护单位实行"四有"。完成《广西自然之部陈列》和《广西革命史陈列》修改提高工作。

4月15日，《广西革命历史文物陈列》经过修改充实提高，改为《广西近百年革命史陈列》，正式对外展出。

7月，黄增庆、何乃汉首次发掘桂林市竹元村后头岭两座东汉砖室墓。

7月至8月，完成南宁专区文物复查工作，并试掘邕宁县长塘、武鸣县岜勋、都安县老虎岩、扶绥县江西岸四处新石器时代文化遗址。

8月1日，派员赴北京、上海、武汉等地购买文物，筹办南

宁文物商店,店号叫邕华斋,店址在南宁市兴宁路。秦志卿、刘殿林先后任负责人。

10月中旬至1964年底,方一中、王克荣主持梧州专区文物普查工作,发现石器时代遗址和地点96处、战国时代遗址8处、汉代遗址11处、古城址11处、古墓群98处、古建筑2处、古窑址9处、古代冶炼和铸造遗址3处、石刻34处、革命遗址9处、古生物化石地点5处,共采集文物300多件。

12月,丁连城赴广州接收香港爱国人士杨铨先生捐赠瓷器154件、字画10件。

11月至1964年1月,丁连城、李鸿庆赴长沙、上海购买书画64件,瓷器14件,水晶玛瑙5件。

12月13日,梧州市北山公园在修园时发掘出红七军廿一师师长韦拔群烈士头骨,自治区文化、民政、档案等部门会同自治区博物馆前往调查,证实后用专车护送回南宁。

12月,编辑《文物保护管理工作文件汇编》和《保护文物、人人有责》宣传画。文字编辑为巫惠民,美术设计为黄文德,摄影为杨朝仍。

区党委宣传部任命李予同为副馆长。

1964 年

2月,经过筹备,我馆主办的《社会主义教育展览》正式对外展出。同时还举办香港爱国人士《杨铨赠送青花瓷器和明清书画展览》。

3月10日,朱德委员长来我馆参观《古代铜鼓》展。

3月,经区文化局批准,在我馆征集的革命文物中,赠送给沈阳部队(原红七军的一部)步枪二支,手枪一支,驳壳枪一支,马刀一把,作为该部军史教育材料。

5月至8月,完成梧州专区文物复查工作。试掘富川鲤鱼山遗址,藤县中和窑址,梧州富氏坊窑址,贺县田厂、新村、铺门汉墓等。

6月,经北京故宫博物院有关专家鉴定,我馆在北京购买石涛画一幅,徐悲鸿、闵贞明画各一幅。

9月,文物搬入新建的库房。

10月1日,《广西历史文物展览》在展览馆楼上展出。

11月,班逢生等赴龙胜县花坪采集动、植物标本,赴田东、宁明、贵县、陆川等地采集土壤标本。

11月至12月,许忠、蒋廷瑜赴桂林、恭城、兴安检查文物维修情况。

11月至12月,陆仰渊等赴全州等地征集全国农业劳动模范蒋在球农业合作社文物资料和民族文物。

1964年,国家拨款21867.45元,维修右江苏维埃政府旧址等六处文物保护单位。许忠等主持维修工作。

1965 年

2月,国家拨款18万元,维修桂林花桥。王克荣、邱钟仑主

持维修工作。

4月至10月,美越战争。按上级指示把馆藏一、二级文物和珍贵的地方志书运往三线——资源县档案馆保存。计有文物90箱、10988件,其中珠宝8248件,图书资料43箱。

5月13日至11月5日,桂林市和桂林地区进行文物普查工作,王克荣主持,我馆派业务干部和部分讲解员赴桂工作。

6月下旬至8月,班逢生等赴龙胜县花坪采集动、植物标本。

7月至9月,黄增庆赴梧州,主持宋代铸钱遗址发掘工作。

9月,派员赴桂林勘查临桂县唐代南陡河。

12月至1966年1月,配合西津水电站船闸工程,方一中、庄礼仑赴横县主持发掘西津新石器时代贝丘遗址。

12月,经上级领导机关决定,我馆自然、历史之部的展览停展。

12月至1966年1月,分3组赴陆川、北流、容县进行文物普查。

1966 年 5 月 16 日至 1970 年

1966年4月至6月,蒋廷瑜带队赴全州县进行文物普查。

"文革"动乱时期,业务中断,机构撤并,下放干部,使文博事业遭受严重损失。

1967年至1968年,区展览馆成为武斗据点,馆藏文物、图书资料被盗,展出文物自然标本被毁,损失严重。1968年8月1日至15日,南宁遭受几十年来未遇的大水灾,馆藏图书资料和部分文物遭洪水浸泡,损失更为严重。据统计,损失文物2万件、图书资料2万余册。

1968年,吴崇基参加《毛主席生平图片展览》筹展工作。

1969年,吴崇基、王梦祥赴湖南参加韶山毛主席故居陈列馆筹备工作。

1970年,吴崇基参加全区、全国中草药展览筹展工作。

同年4月,吴崇基赴穗参加26届广州春季交易会布展工作,广西钦州地区飞跃大队先进事迹参加展出。

1970年7月,我馆大部分干部下放各地县五七干校。

1971 年

10月,吴崇基、李举荣赴穗参加27届秋季广交会布展工作,广西柳州合金材料厂先进事迹参加展出。

11月,何乃汉、黄增庆赴京参加出土文物展览筹展工作。

12月,在南宁人民公园举办《广西出土文物展览》。

任命何乃汉为馆革命领导小组副组长。

1972 年

3月,吴崇基赴北京参加中华人民共和国出国文物展览筹展工作。

6月,在区展览馆西一楼筹备《广西铜鼓展览》(内部展出),设计为吴崇基、黄文德。

9月27日，越南考古代表团3人到馆参观《广西铜鼓展览》，并考察南宁市郊豹子头遗址和防城县杯较山新石器时代文化遗址。由王克荣、黄增庆、巫惠民、何乃汉负责接待工作。

10月，方一中、邓炽全、李举荣、黄启善等对大型合浦县望牛岭一号西汉墓进行发掘工作，出土铜凤灯等一批珍贵文物。

11月下旬，和振荣、蒋廷瑜赴凭祥调查平而关附近的边境炮台。

11月25至12月2日，全区文物工作会议在桂林召开。国家文物局局长干冶秋专程从北京来桂参加会议，在大会上作了报告。

12月5日，国家文物局局长王冶秋从桂抵邕，到馆参观并向全体干部职工作了报告。

12月，王克荣、巫惠民赴北京参加中华人民共和国出国文物展览筹展工作，带去合浦县望牛岭一号汉墓出土的部分文物参加展出。

1973年

1月底，蒋廷瑜赴北海清理一座唐墓。

2月，我馆各部门办公地点由宿舍区搬入区展览馆东二楼办公。

2月10日，广西电影制片厂到合浦拍摄望牛岭西汉墓发掘情况。同年7月，公开放映。

3月5日，黄启善赴河池县商业局废品公司收购铜鼓36面后运回馆里。

3月，区党委宣传部任命许务民为馆领导小组组长、党支部书记。

3月，在区展览馆西一楼筹备《广西出土文物展览》，文物工作队全体人员和美工组部分人员参加设计和布置。

3月8日至4月2日，方一中、黄启善赴西林县普驮铜鼓葬周围，用探铲进行探测，了解古墓分布情况。

4月，王克荣、方一中、巫惠民赴桂林，主持明代靖江王第七、九代王墓的发掘工作，桂林市文管会派人配合工作。

5月4日，文化局任命王克荣为区文物工作队队长。

5月，中国科学院古脊椎动物与古人类研究所侯连海等到扶绥那派发掘恐龙化石，何乃汉、赵仲如等参加发掘工作。区党委书记乔晓光等参观了发掘现场。

8月至10月，在扶绥县举办全区文物考古训练班，王克荣、何乃汉主持。参加学习的地、市、县学员有40多人，由区文物队业务干部讲课，后分3组赴邕宁、贵县、荔浦等地进行田野考古实习，发掘南宁豹子头贝丘遗址、贵县汉墓和荔浦马岭汉晋墓。

10月，借调张世铨回馆赴桂平酒厂主持宋瓷窑址的发掘工作。

10月23日，班逢生、周石保等赴大苗山中寨采集和剥制动、植物标本。

11月7日，收集到大新县榄圩公社歌寿岩洞出土新石器时代

的陶器两件。

12月7日，四川大学历史系考古教研室童恩正、林向等到馆参观《广西古代铜鼓展览》，并与文物队交流学术研究情况。

12月13日，区文化局熊树和、区文物工作队巫惠民、桂林市文管会阳吉昌赴北京向国家文物局、中国社会科学院考古研究所、中国科学院古脊椎动物与古人类研究所汇报桂林甑皮岩洞穴遗址发掘情况和有关保护问题。

12月27日，中国革命博物馆董谦副馆长，胡华、贺捷生等到馆参观，由区文化局韦生进和我馆何乃汉陪同赴田东、百色等县考察。

1972年至1973年，由王克荣主持，张世铨、邱钟仑、庄礼伦等组成写作组，撰写《广西古代铜鼓研究》论文，署名洪声在1974年第一期《考古学报》上发表。

1973年12月至1974年2月，谭嘉华赴桂林，主持完成甑皮岩洞穴遗址发掘现场文化遗存和人骨等的定位复原和加固工作，为洞穴文物陈列作准备。

1974年

1月12日，柳州博物馆来人接受我馆拨交出土文物一批。

1月，王克荣、蒋廷瑜等赴横县发掘秋江新石器时代贝丘遗址。

1月20日，王克荣、巫惠民赴武鸣马头公社全苏大队了解商代文物出土情况，并从公社征集到商代提梁铜卣1件、铜戈1件。这是我区首次发现的商代青铜器。

2月3日，蒋廷瑜赴武鸣马头勘察铜卣出土现场。

2月14日，广州中山大学历史系商承祚教授应邀到馆鉴定武鸣出土商代铜卣，并作了学术报告。

4月17日，北京国家文物局文物保护科学技术研究所蔡学昌所长、祁英涛工程师等到馆研究河池红七军标语的保护问题，并专程赴河池踏勘了保留红军标语的房屋。

5月15日，方一中、韦仁义主持的平乐县张家公社岷山岭战国墓群发掘开始，先后参加发掘工作的有我馆考古人员和部分县市的文物干部。

5月31日，区文化局华应申副局长到馆审查《太平天国革命在广西历史陈列》，陈列内容设计为黎裴然、田炳坤、陆仰渊，形式设计为吴崇基。由黄俭、黄须强、李展威创作大型雕塑金田风暴。

6月27日，馆文物仓库和书库密封，请市粮库有关技术人员喷射消毒除虫药物。

7月，邓炽全、黄文德、曾从运、韦显初赴平果县黎明公社拉北岩复制梁乃武烈士书写的国际歌。

7月16日，经区文化局批准，奖励武鸣马头公社第一生产队柴油机1台、知青小组半导体收音机1部，用以表彰他们把出土商代铜卣等献交国家、热爱祖国文物的精神。

9月，吴崇基、王梦祥、曾从运、邓炽全赴河池红七军宿地

临摹红七军留下的革命标语。

12月20日，中山大学历史系梁钊韬教授到平乐银山岭考古工地参观，12月29日到南宁，31日作关于民族起源的学术报告。区文管会部分委员、全馆干部出席了报告会。

本年，我馆派员主持对位于百色县和龙州县的中国工农红军第七军、第八军军部旧址，红七军司令部、政治部，右江工农民主政府，红八军左江革命委员会，八路军桂林办事处，梧州地委，贵县广西特委，东兰县农民运动讲习所，巴马红二十一师师部等革命旧址和柳州柳侯祠，恭城文庙，忻城土司衙门等文物保护单位进行多次维修。

1975年

1月3日，平乐银山岭文物运回南宁。

1月8日，《平乐县银山岭古墓葬发掘汇报展览》内部展出，区文化局领导和区文管会委员等参观了展览。

1月21日，蒋廷瑜、周石保、李宗连、覃圣敏分别赴河池、东兰、百色等地组织调查，编写全区文物工作会议材料。

2月，大年初一，韦国清主席等区党委常委全体成员、区党委宣传部、区文化局领导到我馆参观河池红七军宿营地的红七军标语和漫画。

2月26日，蒋廷瑜、陈左眉、陈庆清赴天等县龙茗清理清乾隆七年土司墓，出土腊尸一具。

3月3日，天等清代土司赵焜腊尸，由广西医学院派专车运回该院解剖教研室大楼进行消毒处理，部分区党委常委、区文管会委员和本馆干部前往参观。区党委书记乔晓光、区文化局局长华应申对如何保护、研究古尸和出土文物作了指示。

3月，由于喷射化学药剂消毒，文物库房部分青铜器和古字画受到药物污染，文物遭受损坏。为此，区文化局通报全区，批评我馆领导，应吸取这次教训，防止类似事件再次发生。

3月31日，由文物队编写的《文物工作手册》和《保护古生物化石宣传画》交广西民族印刷厂印制。文字编辑为梁景津、巫惠民，美术设计为黄文德，摄影为王梦祥。

4月2日，区文化局领导，区博物馆牵头，由广西大学、广西民族学院、区图书馆、区博物馆组成的大藤峡农民起义调查组召开会议。我馆何乃汉、巫惠民、潘世雄、王梦祥参加调查工作。

4月5日，王克荣赴湖北武汉出席全国革命文物工作座谈会。

4月8日，何乃汉率大藤峡农民起义调查组出发桂平、平南、贵县、藤县、梧州、蒙山、平乐等市县进行调查工作。随后又赴广州、长沙等市，从广东、湖南图书馆查阅、收集有关史料，为编写报告做好准备工作。

4月17日，国家文物局党委书记刘仰峤到馆参观《平乐银山岭古墓群出土文物展览》。

5月3日，全区革命文物工作会议在东兰召开，我馆王克荣、何乃汉、田炳坤、蒋廷瑜参加会议。在会议召开之前，派员赴东兰县协助东兰纪念馆筹备革命文物陈列工作。

5月26日，大藤峡农民起义调查工作结束，区文化局召开了座谈会，调查组向局领导作了工作汇报，华应申局长等出席了会议。会议决定由调查组编写《大藤峡》一书，交由文物出版社出版。

7月10日，《河池红七军革命标语》一书完成编辑工作。文字编辑为梁景津，美术设计为曾从运，摄影为王梦祥。

8月15日，讨论修改河池红七军宿营地纪念馆辅助陈列方案，河池县文化局和我馆王克荣、田炳坤等出席会议。

9月5日，广州中山大学历史系考古专业师生到广西合浦县开门办学，王克荣主持工作。文物工作队编写《秦汉考古（华南部分）》作为教材，部分县市文管所干部参加文物考古训练班，集中合浦县堂排发掘汉墓

12月4日，中山大学历史系考古专业师生和区文物考古训练班学员结束田野实习工作回到南宁，从4日起到13日止，分别由梁钊韬教授等授课。

1975年，韦国清到博物馆参观展览。

1976年

2月，吴崇基赴桂平县，协助筹备太平天国革命史陈列工作。

3月26日，中央石油化学工业部康世恩部长到馆参观《河池红七军革命标语》临摹展览。

3月，区文物管理委员会编《河池红七军标语》一书，内部发行。

4月6日，四川大学历史系考古专业师生30多人到广西开门办学。我区在钟山县举办亦工亦农考古训练班，方一中、巫惠民主持教学和古墓发掘工作。川大师生与训练班学员集中到钟山县牛庙进行发掘实习。

4月19日，南宁至防城铁路工程即将动工，邱钟仑、潘世雄参加沿线文物普查工作。南宁市、邕宁、钦州、防城等县文化部门也派干部参加。普查工作于6月2日结束。

4月至5月，派员赴平南、岑溪、苍梧、梧州等地调查征集革命文物。

6月，方一中、蓝日勇等主持发掘贺县铺门河东高寨汉墓9座，出土文物200多件。

7月初，贵县罗泊湾一号西汉墓动工发掘，王克荣、何乃汉赴贵县主持发掘工作。玉林地区各县文化部门和贵县有关县直机关、工厂也派干部工人参加发掘工作。

7月27日，区党委书记乔晓光、区文化局局长华应申就贵县罗泊湾一号西汉墓发掘工作做了指示。根据领导的指示精神，本馆进一步动员有关人员参加，决定成立以我馆相关专业人员组成的资料组和技术组，赴贵县参加发掘工作。

8月11日，国家文物局局长王冶秋、区文化局局长华应申、广西医学院副院长方中祐教授等到贵县罗泊湾一号西汉墓发掘工地视察。

9月17日，全馆干部职工到南宁人民公园革命烈士纪念碑前

吊唁毛主席逝世。

9月24日，贺县举办亦工亦农考古训练班，发掘铺门汉墓群，方一中、蓝日勇主持发掘工作。

10月至1977年元月，由方一中、黄启善主持，在昭平县北陀举办考古训练班，发掘汉墓23座，出土器物130多件、钱币800多枚和一批琉璃玛瑙珠饰。

11月10日，举办《罗泊湾一号西汉墓出土文物汇报展览》，原国务院秘书长陶希晋、我国驻越南大使符浩等领导同志先后到馆参观。

11月11日，田炳坤、陆仰渊、黄吉文、陈庆渭、马丽等赴东兰、巴马、凤山、贵县、桂平、平南等县征集革命文物。在凤山县征集到韦拔群给黄大权的亲笔信两封。

12月，吴崇基、邱钟仑赴桂林协助八路军办事处纪念馆筹备辅助陈列工作。

1977年

4月，自治区人民政府拨款200万元兴建广西博物馆大楼，馆址选定七一广场东侧（今民族广场），区文化局牛玉祥和我馆何乃汉、蓝日勇等六人组成基建小组参加筹建工作。

6月至7月，区宣传战线各单位干部职工、高等院校师生到博物馆工地义务劳动，为大楼清理淤泥，挖掘地基。

7月28日，何乃汉、王克荣赴大庆参加全国文物博物馆会议。

7月至8月，陆仰渊赴蒙山、桂林、阳朔等地征集太平天国革命文物。

8月，中央民族学院师生到我馆开门办学，并到龙胜等县调查中央红军长征过桂北的史料。

9月4日，广东省博物馆徐恒彬等3人到馆交流文物考古工作经验，与文物工作队进行座谈。

9月8日，巫惠民赴北京参加全国文物出口鉴定会议。

10月5日至15日，我馆举办知识讲座，李鸿庆、潘世雄、赵仲如、韦仁义等主讲。

10月25日，潘世雄、覃圣敏、覃义生、覃彩銮、于凤芝等参加南宁市文物普查工作。

11月，田炳坤等赴瑞金、井岗山、南昌、南京等地参观学习。

11月，邱钟仑、陆仰渊赴北京，向国家文物局汇报《广西历史文物陈列》和《广西革命文物陈列》内容设计。

11月14日，中国科学院古脊椎动物与古人类研究所在都安举办华南地区岩溶化石训练班，文物队派3人参加学习。

11月21日，南斯拉夫凯特博士到广西考察溶洞地下水微生物的生长情况，中国科学院古脊椎动物与古人类研究所黄万波和我馆巫惠民、赵仲如陪同前往武鸣等地考察和参观。

1977年，我馆与中国科学院古脊椎动物与古人类研究所在百色盆地联合进行发掘，发掘工作延至1992年，出土石制品2000多件，为研究中国南方旧石器时代文化特点提供了丰富的文物资料。

1977年冬至1978年春，区文物工作队韦仁义、潘世雄、覃彩銮、黄启善等会同北流县文化局发掘北流县铜石岭汉代冶铜遗址，揭露面积250平方米，发现一批炼炉、灰坑、排水沟、鼓风管、铜锭、炉渣及陶瓷器等遗迹和遗物。

1978年

1月19日，区文教办公室罗立斌主任将叶剑英副主席亲笔题字："广西农民运动讲习所旧址"手稿交区文化局，局社文处将手稿交本馆文物队，并传达了区党委乔晓光书记的指示。

4月，方一中、于凤芝赴钦州与钦州县文化馆发掘钦州县那丽独料新石器时代遗址，发掘面积324平方米，出土文物1000余件。

5月至7月，黄启善等赴贵县，在县城北部清理汉墓23座。

6月，派员赴凭祥、龙州、人新等地征集革命文物。

9月14日，派员分赴南丹、贺县、桂林等地征集革命文物。

9月至11月，我馆暂借广西教育学院作临时办公和筹展工作场所。本馆大楼外部和内部装修工程已基本完成，各部门陆续搬入大楼办公。经过室外筹备的四个展览也搬入陈列厅，日夜加班，进行现场布展。上海博物馆派费钦生、唐大公等美术设计师支援本馆。各地、市、县文化部门也派美术工作者三十多人参加筹展。全馆工作人员也全力以赴，投入布展工作。四个展览的主要设计人员如下：

《广西历史文物陈列》的内容设计为邱钟仑、黄增庆、梁旭达、苏一宏等，形式设计为唐大公、曾从运。

《广西革命文物陈列》内容设计为田炳坤、黎斐然、陆仰渊、黄吉文、沈奕巨、潘郁生、黄淑文等，形式设计为吴崇基、沈乃贤。

《太平天国革命在广西历史陈列》内容设计为黎斐然、陆仰渊，形式设计为吴崇基、黄文德。

《广西古代铜鼓展览》内容设计为王克荣、邱钟仑、黄启善，形式设计为吴崇基。

12月6日，广西壮族自治区博物馆陈列大楼建成，并举行开馆剪彩仪式，由区党委第二书记、区革委会副主任刘重桂剪彩。《广西历史文物陈列》《广西革命文物陈列》《太平天国革命在广西历史陈列》《广西古代铜鼓展览》同时开放。

12月12日至20日，萨空了、陈此生、胡愈之、沈兹九、彭友今等中央代表团以及各兄弟省区代表团到馆参观。

我馆编辑的《广西出土文物》图录，由北京文物出版社出版。

1979年

3月至5月，区文物工作队与隆安县文化馆对隆安县大龙潭新石器时代晚期文化遗址进行发掘，揭露面积820平方米，发现灰坑、沟漕和石铲排列组合遗迹，出土石铲230多件。

4月，中国考古学会成立，王克荣、蒋廷瑜出席大会。我馆为团体会员。黄增庆、王克荣、蒋廷瑜、何乃汉、邱钟仑、巫惠民、韦仁义、潘世雄、覃圣敏、张世铨、庄礼伦为会员，黄增庆被选为理事。

5月，吴崇基等赴北京，参加人大会堂广西厅设计和布置工作。

4月至6月，蓝日勇、覃义生发掘贵县罗泊湾二号汉墓，出土文物123件。

6月，文物工作队派员调查试掘田东县新州长蛇岭石器时代遗址，采集石器137件。

6月9日，国家计量总局邱隆等3人到馆参观并收集古代度量衡的文物资料。对贵县罗泊湾一号西汉墓出土的记容记重文物进行了实测。实测数据古今对照均相吻合。

6月至7月，覃彩鸾主持永州县高山庙采集器址发掘工作，首次出土瓷腔腰鼓。

7月，中国科学院古脊椎动物与古人类研究所、广西博物馆、桂林市文管会联合发掘宝积岩洞穴遗址，出土晚期智人牙齿化石1枚、打制石器12件、哺乳动物化石16件。这是在广西洞穴中首次发现的人类化石、打制石器和"大熊猫——剑齿象"动物群共存的旧石器时代晚期遗址。

7月至8月，何乃汉等5人参观小组赴上海、南京、武汉、南昌、杭州、长沙等地参观学习，计划修改《广西历史文物陈列》。

7月，我馆承担中国古代铜鼓研究会的筹备工作。筹备组由王克荣主持，部分专业人员参加。

6月至8月，根据中国古代铜鼓研究会筹备组的工作计划，我馆先后派员分赴北京、上海、广州、佛山、长沙、昆明、成都、重庆、贵阳等市，对各省收藏铜鼓进行调查、实测、绘图、照相等工作。

8月底，何乃汉赴隆林县德峨岩洞坡调查，在广西最西部发现新石器时代文化遗址。

8月5日，日本自然保护协会友好访华团来我馆参观。

8月12日，田炳坤、陈仁华、钟优武、黄吉文赴北京参加党史陈列座谈会。

9月，区党委宣传部任命许务民为馆长兼党支部书记，李予同为副馆长，王克荣为副馆长兼陈列部主任。区文化局党组任命于谦为办公室主任，和振荣为副主任，黎斐然、沈奕矩、田炳坤、吴崇基为陈列部副主任，何乃汉为文物工作队队长，韦仁义、蒋廷瑜为副队长，刘殿林为保管部副主任，巫惠民为群工部副主任。

9月8日，蒋廷瑜、魏桂宁赴南丹、河池搜集铜鼓资料。

10月，李举荣带部分被消毒药物污染受损的古字画赴北京，请教故宫博物院装裱师傅。因无法处理，只好把画带回。经过多次试验，后来已能把污染部分处理。

9月至11月，蒋廷瑜、何乃汉赴柳州，进行文物普查，发现新石器时代文化遗址和地点35处，古墓群3处，汉代文物点7处。

10月，蒋廷瑜等赴北京搜集铜鼓资料。

10月30日，中央纺织工业部陈维稷副部长来馆参观。

11月7日，朝鲜中央通讯社副社长宋凤顺等六人来馆参观。

11月30日，美国友好人士斯诺夫人的妹妹来馆参观。

12月8日，日本讲谈社第五次摄影访华团团长佐藤泽一等6人来馆参观。

12月，何乃汉、彭书琳赴京出席北京猿人第一头盖骨发现五十周年纪念会。

1979年，陆仰渊编写的《百色起义》由上海人民出版社出版。

1980年

1月，王梦祥、庄礼伦、陈左眉赴北京搜集铜鼓资料。

1月3日，加拿大驻华大使夫妇来馆参观。

1月9日，中国剧协、影协副主席陈荒煤来馆参观。

1月11日，蒋廷瑜、覃义生赴宾阳县甘棠书坡调查青铜器出土情况，证实是两座战国墓。

1月20日，以日本国熊本市市长星子敏雄为团长的日中友好访问团一行35人来馆参观。

1月下旬，韦仁义等参加大藤峡水电站水淹区文物调查。

2月下旬，全区文物工作会议在桂平召开，王克荣、何乃汉出席。

3月上旬，何乃汉、彭书琳赴平南调查洞穴遗址。

3月12日，覃义生、张宪文赴融安清理两座南朝墓，出土青瓷器、滑石器11件，其中有滑石地券1方。

3月27日，第五次日中友好小记者访华团团长原正等25人来馆参观。

3月27日至4月3日，中国古代铜鼓学术讨论会在南宁举行。会上成立了中国古代铜鼓研究会，王克荣、张世铨、邱钟仑、黄增庆被选为理事，王克荣担任理事会副理事长兼秘书长。编辑《古代铜鼓历史资料》《铜鼓文献目录》《铜鼓资料选译》。研究会秘书处设在本馆。

4月15日，北京故宫博物院研究员徐邦达应邀到馆鉴定馆藏字画。

4月18日，日本民俗学者友好访华团一行17人，在团长、日本筑波大学教授直江广治率领下来馆参观。

4月，吴崇基赴田东县，协助该县筹备右江苏维埃政府旧址陈列设计工作。

5月，何乃汉等赴鹿寨，运回一具西藏熊化石。

5月至6月，蒋廷瑜、黄启善赴永福进行文物普查。

6月至7月，何乃汉、张宪文赴桂平县主持文物普查工作，发现打击石器地点1处、石器散布地点40多处、新石器时代遗址和地点6处、战国—汉代文物散布地点8处、古窑址7处，并征集到清末参加康、梁维新变法的骨干之一程大璋的遗物一批。

6月至7月，王克荣率广西左江岩画调查组7人赴左江流域宁明、凭祥、龙州、崇左、扶绥等地调查，对上述县市的岩画点进行实测记录、临摹、录相、拍照等工作。

6月28日，英国伦敦大学格里兰教授到馆参观并作学术报告。

6月至7月，蓝日勇、覃义生赴贺县铺门主持发掘金钟大墓，出土器物 124 件，其中有"左夫人印"玉印 1 件。

8 月 9 日，馆长许务民在江滨医院病逝。

8 月，黎斐然赴苏州出席太平天国学术讨论会。

8 月，区文化局主办的全区地、市、县博物馆馆长、文管所所长训练班在自治区党校开学。我馆派业务干部授课。

7 月至 9 月初，何乃汉、张宪文等赴贵县主持发掘贵县风流岭 31 号西汉墓，出土大铜马和铜驭手俑等一批珍贵文物。

9 月 18 日，新西兰黑斯廷斯市访华团一行五人，在团长黑斯廷斯市市长康纳率领下来馆参观。

10 月至 11 月，何乃汉、周石保赴柳州市，协助市博物馆试掘大龙潭鲤鱼嘴新石器时代贝丘遗址。

10 月 27 日，法国马列主义共产党总书记雅克·儒尔查一行 2 人在区党委赵茂勋书记陪同下来馆参观。

11 月 12 日，法国历史学家克洛迪娜、龙巴尔、萨蒙来馆参观。

11 月，黄增庆、蒋廷瑜赴武汉出席中国考古学会第二次年会。

12 月 7 日，美国全国博物馆联合会 2 团共 17 人来馆参观。

12 月 11 日，梁景津赴昆明参加《中国名胜词典》辞目审定会议。

12 月 23 日，中国科学院古脊椎动物与古人类研究所助理研究员李有恒等 2 人到田东县新州旧石器时代遗址进行考察，发现更新世晚期人牙化石和共生的哺乳动物化石。彭书琳、周石保协助工作。

同年，陆仰渊、黄文德、陈锡安赴桂林，协助地区文化局举办《中央红军过桂北文物展览》。

韦显初、谭国强赴龙胜县，复制红军长征过龙胜留下的红军标语。

12 月至 1981 年 1 月，黄启善、蓝日勇、王梦祥等赴区内 20 多个市县，对各地收藏的铜鼓进行登记、拓片、拍照、测绘等工作。

1981 年

1 月 1 日，《古尸展览和考古新发现展览》正式展出。

1 月 10 日，原中共中央宣传部副部长许立群和夫人杜小平来馆参观。

1 月，中国科学院古脊椎动物与古人类研究所和区文物工作队组成野外队，清理柳江县土博甘前岩洞穴遗址，采集古人类牙齿化石 9 枚及共生哺乳动物化石 18 种，彭书琳、周石保协助工作。

2 月至 4 月，吴崇基、陈锡安赴龙胜县，协助县文管所筹备龙胜民族文物展览工作。

3 月，黄增庆、张世铨、陈远璋赴四川珙县出席悬棺葬学术讨论会。

3 月 9 日，《广西历史文物陈列》明清时期少数民族首饰陈列柜银首饰被盗，其中有瑶族錾花银戒指 3 件、侗族银烧蓝乳钉银手镯 1 件、彝族花坠银耳环 2 件。

3 月下旬，云南省博物馆馆长王立政等 3 人来馆参观。

4 月至 5 月，我馆与广西师范学院联合编辑摄制《广西历史文物》教学电视。王克荣、邱钟仑等协同参加编辑工作。

5 月至 6 月，我馆王克荣、张世铨、庄礼伦、王梦祥、魏桂宁等赴成都参加《中国古代铜鼓》审稿会议。

5 月 19 日，日本集美堂出版社社长山田实等 2 人来馆参观。

7 月，蒋廷瑜、覃义生赴防城港万尾岛调查文物，采集到磨制石器和东汉墓葬出土文物一批。

8 月至 11 月，柳州地区开展文物普查工作，何乃汉、蒋廷瑜、韦仁义主持，并派出专业人员与各县文物干部组成 5 个普查组分赴各县进行文物普查工作。普查后发现古生物化石地点 13 处、石器时代遗址和地点 77 处、古墓葬（群）31 处、古窑址 19 处、古城址 13 处、碑刻 27 处。

9 月至 10 月，巫惠民、邱钟仑主持，红水河岩滩水电站水淹区文物调查工作在巴马、都安、东兰等县进行。我馆选派专业人员，巴马、乐业、都安、东兰、南丹等县文化部门也派人参加调查工作。

10 月 10 日，由区政协和我馆共同筹备的《辛亥革命七十周年纪念图片展览》正式展出，设计为吴崇基。

10 月 26 日，邱钟仑、张世铨赴昆明参加中国西南民族研究学会成立大会，邱钟仑被选为理事。

11 月，韦仁义、郑超雄赴广东新会出席中国古代陶瓷研究会成立和学术讨论会，韦仁义当选为理事。

11 月，全国政协副主席刘澜涛到馆参观。

11 月，副馆长李予同病逝。

12 月中旬，黄增庆、蒋廷瑜赴杭州参加中国考古学会第三次年会。

12 月下旬，中国古代铜鼓研究会第一届理事会在南宁召开，审定《中国古代铜鼓》书稿。王克荣、张世铨、邱钟仑、庄礼伦、黄增庆、蒋廷瑜等参加。会上商定由中国古代铜鼓研究会、北京民族文化宫、广西壮族自治区民族事务委员会、广西文化局、广西博物馆和云南、广东、贵州、四川等省博物馆联合筹备《中国古代铜鼓展览》赴北京展出。

本年，维修了三江侗族自治州林溪河上的程阳永济桥。张宪文主持维修工作。

1982 年

1 月，在区党委宣传部郑少东副部长陪同下，全国人民代表大会常务委员会副委员长阿沛·阿旺晋美到馆参观。

1 月，陈景国主持设计，在《广西出土文物陈列》和文物库房安装国家文物局分配的一批文物安全技术防范器材。这是我馆首次对文物安全采取现代技术防范措施。

1 月至 2 月，《中国古代铜鼓展览》在本馆进行筹备，内容编辑为张世铨、邱钟仑、庄礼伦和云南省博物馆王大道，形式设计为吴崇基和北京民族文化宫史海波。

2月16日，区党委宣传部任命贾鸿起为馆长兼党支部书记。

3月，蒋廷瑜赴北京参加中国博物馆学会第一次会员代表大会。本馆为团体会员。王克荣被选为学会理事。

3月5日，本馆参加《中国古代铜鼓展览》展出的文物由保卫科陈景国等押运赴京。张世铨、吴崇基、曾从运、黄须强、李举荣、兰仕权等进驻北京民族文化宫进行布展工作。

3月31日，区文物管理委员会在南宁召开，由主任委员贺亦然主持。会议讨论文物安全、文物市场管理、打击文物走私活动以及文物与工商、公安、城建、旅游、园林等有关部门协作关系等问题。何乃汉参加会议。

4月1日，由中国古代铜鼓研究会、北京民族文化宫、广西壮族自治区文化局、广西壮族自治区博物馆和云南、广东、贵州、四川等省博物馆联合举办的《中国古代铜鼓展览》在北京民族文化宫开幕。乌兰夫、杨静仁等国家领导人以及著名学者夏鼐、柯俊等出席开幕式并参观了展览。内容设计为张世铨、邱钟仑、庄礼伦和云南省博物馆王大道，形式设计为吴崇基和北京民族文化宫史海波。陈景国、曾从运、黄须强、李举荣等参加工作。

4月，韦仁义参与编写的《中国陶瓷全集·广西陶瓷》日文版发行。

4月，蒋廷瑜著《铜鼓史话》由文物出版社出版。

4月至7月，何乃汉、蒋廷瑜、韦仁义主持，百色地区文化部门配合，分6组赴百色地区各县进行文物普查。发现古生物化石地点5处、旧石器地点75处、新石器时代遗址和地点36处、古墓葬32处、古窑址6处、古城址7处、石刻27处、古建筑10处、炼铁遗址1处、革命旧址1处、汉至宋代文物散布地点18处。

7月10日，《北京山水画展》在我馆开展。

7月27日，《江苏张继馨画展》在我馆开展。

7月30日，在北京民族文化宫展出的《中国古代铜鼓展览》闭幕。刘殿林、陈景国等赴京接运文物回馆。

7月，由黄须强、李志强赴江西博物馆接展《中国历史文物立体图片展》在我馆展出。

8月5日，全区文物工作会议在南宁开幕，博物馆领导和部分人员参加会议。会后，抽调民族地区16个县文管所或文化馆干部和本馆专业人员共30人，组成广西民族民俗文物征集队，深入民族地区调查征集文物。

8月10日，区文化局副局长吴克清率我馆干部赴上海接收复旦大学乐嗣炳教授捐献的书画1384件。

8月18日，区文化厅任命方一中为保管部主任。

8月，刘殿林、覃枝全赴桂林鉴定文物。

9月9日，图书资料室退还区通志馆图书4236册。

9月22日，上海复旦大学乐嗣炳教授捐献文物表彰大会在我馆二楼大厅举行。全馆干部职工参加，区人民政府副主席莫乃群参加大会并讲了话，并为《乐嗣炳教授捐献文物展览》剪彩。

10月，国家文物局主办的全国文物摄影学习班在我馆开班，全国文博单位30多人参加学习班学习，我馆王梦祥、魏桂宁、党

春宁参加学习。

10月12日，新西兰黑斯廷斯市友好访华团12人来馆参观。

10月21日，中国科学院古脊椎动物与古人类研究所副研究员张森水到文物队交流学术研究情况，并作了关于我国旧石器研究的学术报告。

10月，黄增庆、覃圣敏赴武汉出席百越民族史研究会第三次年会。

10月24日，美国前司法部长本杰明·西莱率参观团12人到馆参观。

11月，蒋廷瑜赴南丹、天峨组织岩滩水电站水淹区文物调查。

11月9日，全国马克思主义美学讨论会全体代表60人来馆参观。同日，北京故宫博物院研究员冯先铭等3人来馆参观。

11月13日，北京大学历史系碳十四测定实验室2人到广西邕宁县长塘新石器时代贝丘遗址采集测定年代标本，覃圣敏、黄启善协同工作。

11月19日，台湾民族学家卫尉林来馆参观。

11月23日，日本国立民族学博物馆第二研究部部长佐佐木高明教授来馆参观。

11月至12月，何乃汉、蓝日勇主持，发掘贵县铁路新村汉墓12座。

12月8日，美国驻华大使馆海军武官夫妇来馆参观。

12月9日，波兰驻华大使夫妇来馆参观。

12月11日，《桂风版画研究会首届画展》开幕。

1983年

1月4日，区公安厅、文化局联合对全区古建筑的安全防火设施进行检查，张宪文参加。对钦州、恭城、桂林、三江、柳州、百色等市县的文物保护单位作了重点检查。

1月10日，巫惠民、陈景国等赴郑州接《清代帝后生活文物展览》回邕，并于25日开展。

1月26日，本馆第一批专业人员获学术职称：副研究员1人、助理研究员10人。随后，又陆续批准助理研究员6人。这是我馆首次开展专业人员职称评定工作。

1月，我馆在建政路新建宿舍两幢，36户职工搬入新居。

2月26日，澳大利亚驻华大使馆大使和一等秘书来馆参观。

3月5日，国务院秘书长宋亦平等3人来馆参观。

3月10日，中央艺术研究院副院长王朝闻等6人来馆参观。

3月12日，《马克思生平事迹图片展览》开幕。区党委书记乔晓光、区政协主席覃应机等参观。

3月15日，广东省深圳市博物馆参观小组5人来馆参观。

3月25日，图书资料室退还区通志馆图书5951册。

3月30日，中央文化部从事文化设施工程设计的工程师等15人来馆参观，并考察本馆建筑。

4月，张世铨、农学坚等赴环江征集民族民俗文物并录像。

4月1日，吉林省博物馆馆长和党支部书记来馆参观。

4月3日，北京故宫博物院研究员徐帮达、刘九庵应邀来馆鉴定上海复旦大学乐嗣炳教授捐献书画1384件，并参观本馆陈列。

4月8日，河北省博物馆7人会同北京故宫博物院陈列部副主任李久芳等来馆办理《清代帝后生活文物展览》文物交接事宜。

4月21日，国务委员黄华来馆参观。

4月26日，我馆与广西艺术学院共同主办的《广西少数民族图案展览》在本馆东二楼开幕。

4月至5月，蒋廷瑜赴桂林、兴安、全州、平乐、贺县、钟山、昭平调查古墓破坏情况。

5月上旬，黄增庆、张世铨赴郑州，出席中国考古学会第四次年会。

5月14日，中央机构改革指导小组广西工作组20多人来馆参观。

5月至8月，配合铜鼓滩水库工程，何乃汉主持，贵县、桂平文管所协助赴郁江、黔江、浔江沿岸进行文物调查。发现新石器时代遗址地点51处，汉墓5处，宋代窑址6处，石刻1处，其它文物地点36处。

6月12日，中央机构改革指导小组广西工作组组长周一峰来馆参观。

6月，我馆举办自治区文博单位裱画人员培训班，学员共计12名，由李举荣主持。

6月，谈泽周、王梦祥、党春宁赴那坡县征集民族民俗文物，并录像。

6月14日，《广西艺术学院研究生油画作品展览》开幕。

6月至12月，蒋廷瑜、韦仁义主持，会同钦州地区各县文化部门进行文物普查工作，发现原始文化遗址和石器散布地点8处、古墓葬（群）24处、古窑址7处、古城址8处、古建筑14处、石刻5处、海防设施（炮台、烽火台）7处、古运河2处、铜鼓出土地点9处、革命旧址及近代名人旧居5处。

7月初，中央文化部音乐研究所和区歌舞团的同志来馆用铜鼓演奏乐曲，探索铜鼓音乐的规律。区文化局和区文联领导郭铭、江滨、朱绶之等到现场观赏。我馆专业人员参加学习并交流了铜鼓敲击规律。

7月，派员赴金秀县征集民族民俗文物，并录像。

7月7日，《日军侵华罪行图片展览》开幕。

7月26日，王克荣、蒋廷瑜赴贵阳出席全国文物普查和文物志座谈会。

8月12日，黑龙江省博物馆馆长等6人来馆参观。

9月23日，莫婕航赴北京出席《中国古代地图集》编辑出版讨论会。

9月，邱钟仑等赴钦州、防城、合浦、北海等地征集民族民俗文物，并录像。

10月1日，由黑龙江省博物馆和我馆联合举办《黑龙江恐龙化石展览》在我馆序厅展出。同日，《全国第八届版画展览》也在我馆开幕。

10月23日，中国社会科学院考古研究所研究员佟柱臣来馆参观。何乃汉陪同赴柳州、桂林两市考察广西原始社会物质文化遗存。

10月至11月，蒋廷瑜等赴兴安发掘界首，石马坪汉晋墓群。

11月，何乃汉等赴柳江县对该县新安十座汉墓进行抢救性发掘。

11月11日，中央党史办马石江副主任等2人来馆参观。

11月20日，云南傣族舞蹈家刀美兰等8人来馆参观。

12月15日，由辽宁省博物馆和我馆共同举办的《明清扇面展览》开幕。

12月25日，《光辉业绩——纪念毛泽东、周恩来、刘少奇、朱德生平图片展览》开幕，区党委书记乔晓光、区人民政府主席韦纯束、区政协主席覃应机等参观了展览。

本年，对全国重点文物保护单位宁明县花山崖壁画以及桂林明靖江王墓群、龙州县小连城、昭平县黄姚戏台等15处文物保护单位维修，张宪文等人主持。三江侗族自治县全国重点文物保护单位程阳永济桥被特大洪水冲毁。1984年3月国家拨专款对该桥进行落架维修，1985年竣工。张宪文、李玉瑜等主持维修。

1984 年

1月5日，辽宁省博物馆副馆长等5人来馆参观。

1月9日，南京博物院院长姚迁等3人来馆参观，并到保管部观赏馆藏书画20余幅。

1月11日，《广西历史文物陈列》展厅加强安全设备建设，由保卫科安装报警器。

1月，何乃汉陪同中国科学院古脊椎动物与古人类研究所邱中郎、文本亨到百色地区考察打制石器散布地点。

3月20日，澳大利亚昆士兰州总理彼得森一行6人在区人民政府主席韦纯束陪同下来馆参观。

3月，何乃汉赴成都出席全国考古发掘汇报会。

3月，张世铨、彭书琳、吴伟峰等赴南丹进行崖洞葬调查并征集民族文物。

3月29日，区政府办公厅下发《关于同意筹建区博物馆民族文物露天陈列场的批复》。

4月2日，内蒙古博物馆和我馆联合举办的《内蒙古民族文物展览》在东二楼开幕，区人民政府副主席吴克清剪彩并参观了展览。

4月26日，中国历史博物馆石瑄等4人来馆参观。29日赴宁明县参观花山岩画。

4月30日，区人民政府主席韦纯束、区党委副书记金宝生、区政协主席覃应机、副主席廖联原等参观《内蒙古民族文物展览》。

4月，刘殿林等到南宁地区土产公司拣选流散文物，计征集到银、玉手镯60件、项圈2件、项链34件、碎银1.44斤、铜钱

287.5斤、镍币22.6斤、铜手炉2个、光洋4个、细龙银5个。

5月，贾鸿起赴北京出席全国文物工作会议。

6月1日，我馆复制的《重庆"中美合作所集中营"史实展览》正式展出。为了对广大干部和群众进行革命传统教育，由区文化厅、教育厅、区直机关党委、区总工会、区团委、区妇联六个单位联合发出通知，要求各直属机关单位组织干部职工参观展览，配合整党学习，接受教育。前往重庆复制人员有谈泽周、黄须强、韦显初、党春宁等同志。

6月4日，黄启善赴长沙出席古玻璃学术讨论会。

6月12日，国务委员谷牧在区党委副书记黄云、区文化厅厅长周民震等陪同下来馆参观，并观赏馆藏书画50多幅。

7月，彭书琳、周石保赴隆林德峨发掘洞穴遗址，出土人牙化石2枚、哺乳动物化石6目14种。

7月，张世铨、陆仰渊、王保山编《左右江革命根据地资料选辑》，内部印行。

7月26日，图书资料室第三批退还区通志馆图书1901册。

8月，山东大学历史系教授刘敦愿来馆参观，并与文物工作队同志座谈。

8月28日，以意大利西西里大区政府主席沙欧为团长的意大利西西里代表团，由区人民政府副主席张声震陪同到馆参观。

9月，蒋廷瑜赴兴安主持发掘石马坪、龙山湾汉晋墓11座，出土器物200多件，其中有1座"永平十六座"铭文砖室墓。

9月6日，新西兰黑斯廷斯市代表团6人来馆参观。

9月12日，中央公安部、中央文化部文物局两位保卫处长到馆检查安全保卫工作。

10月1日，由我馆主办的《建国以来广西捐献文物展览》，由区美协举办的《日本京都书画展览》同时开幕，区党委副书记黄云等参观了展览。

10月3日，区党委副书记区人民政府主席韦纯束，区党委秘书长何忌来馆参观。

10月12日，日本熊本县知事细川护熙团长率领日本国熊本县友好代表团15人，在区人民政府主席韦纯束等陪同下来馆参观。

10月，蒋廷瑜等赴贺县主持贺街寿丰汉晋墓群的发掘。

10月28日，邱钟仑赴北京参加全国民族文物工作会议。

11月5日，北京大学副教授李仰松来馆参观，何乃汉陪同前往豹子头考察贝丘遗址。

11月26日，区文化厅党组任命蒋廷瑜、张世铨、吴崇基为副馆长。

11月28日，在区外事办公室白副主任陪同下，全国人民代表大会常务委员会副委员长赛福鼎·艾则孜等来馆参观。

11月，黄增庆、覃彩銮、农学坚赴海南岛出席百越民族史学术讨论会。

11月28日，云昌珉、陈景国赴山东烟台市参加全国文物安全保卫工作会议，讨论《博物馆安全保卫工作规定》。

12月10日，由我馆负责设计和布展的南宁市南湖公园韦拔群、李明瑞烈士纪念馆陈列工作完成。同时修改补充《广西革命文物陈列》韦拔群烈士部分的工作也按计划完成。

12月11日为百色起义五十五周年纪念日。自治区党、政、军负责人和红七军、红八军老战士汇集南湖公园韦拔群、李明瑞烈士纪念馆前举行烈士纪念碑揭碑仪式和纪念馆开幕仪式。我馆参加筹展工作人员全部参加。

12月12日，区党、政、军负责人和红七军、红八军老战士200多人，在本馆东二楼举行书法艺术欣赏茶话会。邀请区内著名书画家黄独峰、阳太阳、帅立志、林克武、韦瑞霖、秦胜国等出席，即兴挥毫写诗作画。红七军、红八军老战士参观了《广西革命文物陈列》。

12月29日，贵州省人大副主任率少数民族参观团来馆参观，区人大常委会办公厅主任伍telecom明陪同参观。

本年开始对桂林榕树楼、东兰魁星楼和荔浦塔、凭祥万人坟、全州妙明塔等10处文物保护单位进行维修，张宪文等主持维修工作。

1985年

1月12日，区文化厅党组任命黎斐然为馆调研员。

1月19日，区文化厅党组任命旭泉为馆办公主任，朱士贤为副主任，云昌珉为保卫科科长，陈景国为副科长，邱钟仑为陈列部主任，谈泽周、黄吉文为副主任，黄须强为技术部副主任，黄淑文为图书资料室主任，蒲中泽为区文物商店经理。

1月20日，由我馆陈列部、技术部协助筹备的龙州起义纪念馆辅助陈列已完成布展任务。

2月，区文物队、全州县文化局等清理全州县凤凰乡大毕头村子冲唐墓1座，出唐贞观十二年"赵司仓"铭文砖。

2月4日，以日本国立民族学博物馆馆长梅棹忠夫为团长的30人代表团来馆参观。

2月16日，我馆与区美协合办的《黄独峰画展》开幕。

3月28日，区文化厅党组并报区党委宣传部任命蒋廷瑜为馆长兼党支部书记、文物工作队队长，邱钟仑为副馆长兼陈列部主任，吴崇基为副馆长兼技术部主任。区文化厅党组任命巫惠民为群工部主任，覃凤仙为副主任，曾从运为保管部副主任，张宪文为文物工作队副队长，刘殿林为保管部调研员。

3月，黄增庆、何乃汉赴北京参加中国考古学会第五次年会。

4月13日，区体委与我馆合办的《广西体坛之光展览》开幕，由黄须强设计，美工组施工。

4月20日，《壮族青年画家周氏兄弟花山崖壁画艺术展览》《壮族画家罗鼎华三代画展》《贵阳、南宁书画、摄影作品联展》同时展出。

4月至5月，何乃汉赴崇左县，试掘吞云岭新石器时代遗址，首次发现大石铲和其它磨制石器与夹砂绳纹陶片共存。

4月，黄须强等赴兴安县协助灵渠四贤祠陈列设计工作。

4月，区文物队、靖西县博物馆发掘靖西县宾山洞穴遗址，出土人牙化石4枚、哺乳动物化石18种。

5月4日，蓝日勇、郑超雄赴昆明，和水电部西南设计院签订天生桥一级水电站水淹区文物调查协议书。

5月至7月，黄启善、蓝日勇、覃义生、郑超雄等发掘合浦风门岭汉墓8座、望牛岭汉墓5座，出土刻划"西于"铭文铜鐎壶1件。

5月29日，《全国第三届版画展》开幕。

6月，蒋廷瑜著《铜鼓》一书由人民出版社出版。

6月，区文化厅文物处、博物馆合编的内部季刊《广西文物》出版。

6月9日，张宪文等赴天峨县进行龙滩水电站水淹区文物调查工作，7月10日完成调查任务。

6月27日，区文化厅党组任命何乃汉为保管部主任，韦仁义为文物工作队副队长。

7月，成立民族文物苑基建办公室，主任为吴崇基，副主任为李美珍，办公室人员为张宪文、李玉瑜、刘洁、石华林、黄慧光、黄槐武、农美仙、贾志光、金秀梅。

7月，刘殿林等参加"文革"查抄文物认领展览。展览结束后余下文物全部移交南宁市处遗办公室。

7月25日，文物队与广西大学土木系合作，对三江侗族自治县民居进行一个月的调查。张宪文、李玉瑜参加调查工作。

8月，为减轻文物库房的拥挤，馆藏民族文物全部搬迁博物馆大楼会议大厅暂存。

8月15日，广西壮族自治区人民银行与我馆合办的《广西收藏货币展览》开幕。《纪念抗日战争和世界反法西斯战争胜利四十周年图片展览》也同时展出。

9月4日，区文化厅聘请莫乃群（区政协副主席）为我馆名誉馆长。

9月，广西中医学院壮医研究所来我馆拍《壮医》科教片，巫惠民、陈左眉协助工作。

9月，区文物商店移交文物一批给我馆，计有瓷器58件、砚台6件、铜器3件、陶器2件、玉器42件、书画5件、铜钱301枚。

9月，广东省文物鉴定小组苏庚春等到馆鉴定保管部收藏的部分字画。

8月至9月，区文物队主持天生桥一级水电站水淹区文物调查，发现古人类遗址1处、古矿井1处。

9月，区文物队、靖西县博物馆发掘靖西县那耀村新石器时代遗址，发现石铲和其他磨制石器与夹砂绳纹陶片共存。

10月，武鸣县马头古墓群发掘工作开始。由文物队韦仁义主持，与南宁市文管会、武鸣县文管所联合组成发掘工作队进行发掘，清理西周至战国墓436座，出土器物1200多件。

10月15日，由区美协举办的《曾宪高山水画展》《廖平书法作品展览》开幕。

11月2日，由区美协举办的《梁荣中画展》开幕。

11月6日，《李济深先生捐献文物展览》开幕。李济深先生在海外的家属亲友40多人参观了展览。

11月15日，由区美协和我馆举办的《墨林画会作品展览》开幕。

12月15日，三江侗族自治县程阳风雨桥维修工程竣工，并举行剪彩典礼。区人大常委会副主席秦振武和自治区政协副主任秦似剪彩，区文化厅副厅长冼光位以及三江县党政领导参加了竣工剪彩大会。

12月22日，《湘黔桂侗族作者美术作品展览》开幕。

12月，我馆会同桂平、武宣、象州、柳江、来宾县专业人员组成调查组对大藤峡水库、黔江柳江水淹区进行文物调查，发现新石器时代遗址2处、汉代古墓群3处、古城址3处、古窑址3处、摩崖石刻3处、历史纪念建筑物1处。

本年，区文物队在武鸣县陆斡的两江发现两处用大石块封塞洞的崖洞葬，随葬品有石器和陶器。本年冬，广西民族学院、中国科技大学和我馆联合组建铜鼓矿料来源及铸造地点研究课题组，探讨铜鼓的矿料来源和铸造地点。

1986年

1月1日，由区美协举办的《涂克回顾画展》开幕。

1月8日，区文艺干校教务科姚明诩科长到馆商谈筹建文博大专班教学事宜。我馆领导和有关专家参加了座谈会。双方就课程设置、教学时数、师资聘任等交换了意见。

1月，吴崇基赴北京出席全国文博系统先进集体和先进工作者代表大会。

1月10日，吴崇基副馆长在全馆干部职工大会上传达全国文博系统先代会精神，并代表大会转发本馆从事文博工作三十周年的方一中、黄增庆、梁景津、何乃汉、巫惠民五人荣誉证书和纪念章。

2月2日，毛泽东主席的亲家张文卿、儿子毛岸青和夫人邵华以及王海容等13人来馆参观。

2月4日，任命黄德意为办公室副主任，黄启善为业务秘书。

2月6日，馆学术委员会宣告成立，主任委员为蒋廷瑜，副主任委员为黄增庆、黎斐然。委员为邱钟仑、张世铨、吴崇基、何乃汉、巫惠民、韦仁义、黄吉文、赵仲如。秘书为黄启善。举行首届委员会议，讨论并通过本馆重建三十周年纪念进行学术活动的项目，提交馆务会议审议执行。

3月14日，区文化厅文物处召开全区文物志编审工作会议，本馆有关专业人员出席了会议。

3月21日，区文化厅成立《广西文物志》编审组，下分十二分册编辑小组。本馆部分专家担任编委和各编辑小组负责人。

3月，区文物队、南宁市文管会、武鸣县文管所清理武鸣县马山村岜山崖洞葬，出土商周时期陶器、磨制石器和1件玉戈。武鸣马头先秦墓群考古发掘结束，清理古墓300多座，出土文物近千件。

4月23日，区党委宣传部任命牛玉祥为馆党总支书记。

4月，本馆和平果县博物馆联合调查平果太平、坡造、凤梧、海城、耶墟、黎明等乡镇的崖洞葬9处，采集一批木棺、人骨和随葬品。

6月，区博物馆编《广西壮族自治区博物馆重建三十周年论文选集》，内部印行。黄启善、陈左眉编《广西文物考古文献目录》，内部印发。

6月，经区文化厅批准，同意本馆增设自然部和行政科。馆领导批准黄德意为行政科科长、蒙玉基、李美珍为副科长。赵仲如、周石保为自然部筹备组负责人。

7月1日，《广西民族民俗展览》正式对外开放，区党委副书记金宝生出席开幕式。内容设计为庄礼伦、农学坚、邱钟仑、张世铨、吴伟锋，形式设计为吴崇基。

7月1日至12日，区党政负责同志和区文化厅、区民委等有关单位负责人参观《广西民族民俗展览》。他们是区党委副书记金宝生、区人大常委副主任甘苦、区人民政府副主席吴克清、顾问张声震、区政协主席和本馆名誉馆长莫乃群、区文化厅厅长周民震、党组书记李凡、副厅长冼光位和张化声、区民委主任余达佳等。

7月至8月，黄须强参加第一届"全国福利成就展"设计工作，广西馆获设计三等奖。

8月14日，区文化厅文物处副处长党丁文、区博物馆邱钟仑、吴崇基、潘郁生在国家文物局一楼会议室汇报民族文物苑设计方案，国家文物局副局长庄敏、国家文物局博物馆处处长胡俊、国家文物局计财处副处长刘小和、国家文物保护科学技术研究所古建专家祁英涛和杜仙洲听取了汇报并肯定了设计方案。

8月29日，区文化厅文物处召开第二次《广西文物志》细目审议会，讨论各分册条目撰写分工和条目范例。我馆有关专业人员参加会议。

9月10日，《广东、广西博物馆馆藏名画联展》开幕。

9月20日，任命黄启善为保管部副主任、王梦祥为技术部副主任。

10月，巫惠民赴天津出席由国家文物局召开的全国博物馆群众教育工作座谈会。

10月6日至11月19日，区文化厅文物处主办全区文物普查干部训练班，学习结束后分赴河池地区各县进行普查。区文物工作队派员参加。

10月6日至11月19日，河池地区开展文物普查工作，发现古文化遗址46处、古墓葬31处、古建筑14处、石刻和摩崖造像36处、革命遗址13处、古生物化石地点7处，共采集各类文物标本330件。区文物工作队派员参加。

12月3日，在区博物馆接待室由区政府主席韦纯束主持召开了民族文物苑设计方案审定会，确定了广西民族文物苑名称，审定了民族文物苑建设方案。

12月3日至16日，根据中伊文化合作计划，党丁文、蒋廷瑜访问伊拉克。

12月10日至13日，中国悬棺葬第二次学术研究会在南宁召开，北京、四川、云南、福建、贵州、广东、广西等省（区）学者40多人参加了会议。

12月，区文化厅任命蒲中泽为副馆长。

1987 年

文化部文物事业管理局和广西壮族自治区财政拨款84.42万元，维修恭城周渭祠、合浦珍珠城、北海市普渡震宫、桂林靖江王墓群、陆川县八角楼、武宣县文庙等各级文物保护单位。张宪文、李玉瑜主持维修工作。

1月7日，日本东海大学教授稻叶和也来访，与我馆学者交流稻作农业和汉代建筑的意见。

3月6日，区政府办公厅特发了政府会议纪要，同意我馆大楼后面建设民族文物苑。

3月至1988年5月，为配合南宁至北海二级公路改建工程，区文物工作队、合浦县博物馆在合浦县城南郊文昌塔附近清理汉墓227座，出土文物6000余件。

5月5日，区文化厅任命蒲中泽为党总支书记。

5月28日，任命罗坤馨、潘乃生为陈列部副主任。

6月，南宁文物商店重新恢复，后改为广西文物商店，该店由我馆领导。

7月25日，任命武瑛为群教部副主任。

8月7日至16日，中国历史博物馆研究员史树青夫妇、中央民族学院王恒杰来馆参观，鉴定文物。贺亦然接见，并陪同赴合浦参观考古工地。

8月26日，任命覃义生为南宁文物商店经理。

9月6日，澳大利亚国立大学巴纳德教授来访，研究古代铜器铸造工艺。

9月24日，匈牙利民俗学家、联合国科教文组织成员沃伊格特教授来馆参观。

12月，文物工作队韦仁义等调查梧州长洲枢纽工程水库淹没区文物，发现石器时代遗址、汉晋墓葬和古窑址20余处。

12月1日，《帅础坚三代画展》开幕，韦纯束、黄云、贺亦然出席。帅家5人，每人捐献2件作品给我馆，蒋廷瑜馆长接收。

1988 年

文化部文物事业管理局和广西壮族自治区财政拨款66.4万元维修宁明花山岩画、百色红七军军部旧址、乐业县红七军红八军会师旧址、柳州市东门楼、蒙山太平天国旧址等各级文物保护单位。本馆派员参加。

1月，区政协常委会决定，蒋廷瑜为第六届委员会委员。

3月1日至3日，区文化厅文物处在南宁召开全区文物普查汇报会。据会议统计，全区几年来共有15000人次的专业人员参加普查工作，发现文物点共有 59000 多处。文物队派员参加了会议。

3月13日，中央广播电影电视部副部长陈昊苏在区文化厅厅长周民震陪同下来馆参观。

4月16日，中央文化部副部长高占祥在区文化厅厅长周民震陪同下来馆检查工作。

5月，中国科技大学、广西民族学院和广西博物馆主办的全国第一次实验考古学术讨论会在南宁召开，来自全国11个省市自治区的代表85人出席了会议。

5月7日，区文化厅任命谢居登为馆长（排第二）兼自然博物馆馆长。

5月30日，区自然博物馆正式成立，和区博物馆一套班子，两块牌子，经费独立核算，业务独立进行，党务、人事由区博物馆暂管，馆址在南宁人民公园内。植物、动物、矿物、古生物陈列厅于1989年1月1日对外开放。

6月，由区人民政府审批，区财政拨款100万元在我馆陈列大楼西侧兴建的五层文物库房竣工，建筑占地面积为3920平方米。数万件文物由展览馆简易库搬入新库，至1989年初搬迁完毕。从此，我馆文物保管工作条件得到极大的改善。

7月10日，《国际友谊珍品展览》开幕，区文物管理委员会主任委员贺亦然剪彩。

8月，《馆藏书画巡展》到合浦展出。

8月29日，湖南省博物馆馆长高至喜来馆交接友谊珍品展文物，并参观考察。

10月，我馆编著的《贵县罗泊湾汉墓》由文物出版社出版发行。

10月，区文物工作队、隆林各族自治县文物管理所发掘隆林者保乡巴内村的龙洞，发现人牙化石2枚和哺乳动物化石10余种。

10月10日至18日，蒋廷瑜、邱钟仑赴云南昆明出席中国南方及东南亚地区古代铜鼓和青铜文化国际学术讨论会。

10月，区文物工作队、田林县博物馆发掘田林县弄瓦瑶族乡八六坡新石器时代遗址，出土一批打制石器和磨制石器，其中有双肩石斧和穿孔石器。

11月，黄现璠，黄增庆编著的《壮族通史》由广西民族出版社出版。

12月8日，庆祝广西壮族自治区成立三十周年，中央代表团团长宋任穷及团员程思远、司马义·艾买提、江家福参观视察我馆，区党政领导陈辉光、韦纯束、覃应机陪同。

12月10日，中央代表团副团长费孝通在金宝生陪同下来馆参观，费孝通为民族文物苑题词"千姿百态一览收，民族团结振中华"。

12月11日为广西壮族自治区成立三十周年纪念日，我馆民族文物苑落成开苑。中央组成以宋任穷为团长的代表团和各有关部委、各省（区）代表团在区党、政、军领导陪同下参加隆重的庆典活动。

12月，蒋廷瑜著、吴崇基绘图的《铜鼓艺术研究》由广西人民出版社出版。

12月，王克荣、邱中仑、陈远璋著《广西左江岩画》由文物出版社出版。

12月7日，区文化厅任命李美珍为馆调研员兼民族文物苑主任。

柳州铁路局南宁公安分局在列车上检查时抓获一走私文物犯罪团伙，缴获陶器等各类文物50件，审讯结案后将所获文物移交我馆收藏。

由政府部分拨款，我馆自筹资金，在民族大道陈列大楼西侧兴建职工宿舍楼一栋，分房职工于1989年搬入新居。

1989 年

为配合贵港市选矿厂基建，区文物工作队在贵港城西清理汉墓9座，出土器物90多件。

文化部文物事业管理局和广西壮族自治区财政拨款55.69万元维修宁明花山岩画、百色红七军军部旧址、三江程阳永济桥、藤县访苏亭、平南太平天国豫王旧居等各级文物保护单位。张宪文等主持维修。

2月，国家文物局在南宁召开全国考古汇报会，我馆文物工作队派员参加。

2月1日，文化厅任命谢居登为馆长，蒲中泽为党总支书记，邱中仑、吴崇基、黄启善为副馆长，蒋廷瑜任馆顾问。

4月24日，任命黄须强为技术部主任，陈景国为保卫科长，田云义为副科长，贾志光为行政科主要负责人，石华林为民族文物苑副主任，吴才权为文物商店经理。

5月9日至6月10日，区文化厅文物处与区文艺干校联合主办全区文物单位馆藏文物保管专业培训班。全区地、市、县文物单位57名专业干部参加学习。我馆派员参加教学工作。

5月，蒋廷瑜赴长沙市出席中国考古学会第七次年会，当选为第三届理事会理事。

6月28日，任命覃凤仙为群教部主任，罗坤馨、黄吉文为陈列部副主任，潘郁生为保管部副主任。

6月，保管部组织《馆藏珍品展览》到容县等地展出。

7月17日，区文化厅任命巫惠民为区自然博物馆副馆长。

7月27日，苏联民族史学家刘克甫教授夫妇来馆参观。

7月至1990年2月，《广西民族民俗展览》在深圳市博物馆举行。内容设计为罗坤馨、吴伟峰、农学坚、朱圣林，形式设计为黄须强、吴崇基。

8月，陈左眉所编《广西少数民族文献目录》由广西人民出版社出版。

9月12日，区人民政府办公厅发出《关于调整自治区文物管理委员会成员的通知》，主任委员为区政府副主席李振潜，副主任委员为区文化厅副厅长冼光位，我馆谢居登、何乃汉为委员。

11月至12月，韦仁义等主持，桂平县博物馆参加为配合桂平航运枢纽工程建设对其淹没区范围进行文物调查，发现新石器时代遗址15处、清代窑址2处、摩崖石刻1处。

12月20日至25日，区文化厅在南宁召开全区文物工作会议，传达全国文物工作会议精神，总结广西十年文物工作的成就。谢居登等出席会议。

12月28日，由文化厅、公安厅、工商行政管理局、南宁海关和区博物馆联合主办的《全区打击走私文物成果展览》在我馆展出。

本年冬，中国科学院古脊椎动物与古人类研究所、中山大学人类学系、文物工作队联合发掘田东县檀河镇坡算村高岭坡旧石器时代遗址，采集打制石器90多件，弄清了这类石器的原生层为砂红壤土层，推断其时代不会晚于北京猿人时代早期。

12月，国家文物局、公安部授予我馆全国文物安全保卫工作先进集体称号。

12月12日，纪念百色起义、龙州起义六十周年，中央军委代表团参观广西博物馆。

1990 年

国家文物局和广西壮族自治区财政拨款121.85万元继续维修百色红七军军部旧址、合浦县大士阁、北海市普渡震宫、钟山大田戏台、全州红七军前委旧址、那坡感驮岩土司衙署、北流李明瑞故居、兴安红军堂、桂平东塔等各级文物保护单位。张宪文、熊昭明等参加维修工作。

1月31日，《全区文物普查成果汇报展览》开幕。

2月，我馆被南宁市人民政府授予落实治安保卫责任制先进单位称号。

5月，区文化厅与区文艺干校联合举办全区文物单位收藏登记培训班，参加学习的学员有57人，我馆派专业干部授课。

5月16日，任命李玉瑜为民族文物苑副主任。

8月，文物处编写全区文物考古"八五"规划。区文物工作队参与规划设计和议定。

8月7日至9日，区文化厅在南宁召开全区文物商店经理座谈会。

9月15日至10月14日，由区博物馆举办的参加第十一届亚运会艺术节的《广西民族文化展览》在北京民族文化宫展出。全国人大常委会副委员长阿沛·阿旺晋美和政协副主席程思远出席并为展览剪彩。内容设计为罗坤馨、吴伟峰、农学坚、朱圣林、陈冠文，形式设计为黄须强、吴崇基。

10月20日，区文化厅任命巫惠民为区自然博物馆馆长。

11月至12月 文物队、兴安县博物馆对秦城遗址试掘，开2×18米探沟1条，初步查明七里圩"王城"的堆积情况。

11月，文物队、兴安县博物馆在兴安县明竹村清理唐墓1座，出土"贞观一十五年"铭文砖。

11月，潘郁生、于凤芝赴桂林出席全国博物馆藏品定名与统计研讨。

11月12日，我馆决定开办区博物馆美术装饰服务部，聘任黄须强为部主任、企业法人代表。

11月，馆藏大石铲、大铜马、羽人纹铜鼓等20多件珍品选送北京，参加由国家文物局在故宫博物院文华殿举办的《中国文物精品展》。

1991 年

张宪文、熊昭明主持维修合浦大士阁、河池红七军宿营地旧址、恭城文庙和湖南会馆的测绘工作。

1月5日，区文化厅批复，同意我馆将办公室改为业务办公室。

1月8日，全国人大常委会副委员长廖汉生来馆参观。

1月8日至9日，区文化厅在南宁召开首次全区馆（所）藏一级文物专家审定会，审定全区各馆藏一级文物110件。我馆75件文物被定为一级藏品，其中革命文物14件、出土文物43件、民族文物4件、传世文物14件。

1月至10月，为配合南梧公路建设，陈左眉、陈文主持发掘贵港三圣岭汉墓48座，出土器物1000余件。

1月22日，区文化厅任命蒋廷瑜兼任区文物工作队队长。

2月27日，区文化厅任命何乃汉为馆长。免去谢居登馆长职务，任馆调研员。

3月，郑超雄、谢日万主持，会同桂平、藤县、平南、梧州等市县专业人员对南梧二级公路桂平至梧州路段进行文物调查工作。

3月4日，区党委书记赵富林视察容县经略台真武阁，并题词"保护历史文物，弘扬民族精神"。

3月10日，区党委书记赵富林参观我馆基本陈列，并对博物馆建设作了指示。

4月，何乃汉赴上海出席由国家文物局召开的全国博物馆工作座谈会。

4月，郑超雄著《壮族审美意识探源》由广西人民出版社出版。

4月19日，黄启善、巫惠民赴云南昆明市出席由国家文物局召开的文博系列职改问题西南片九省（区）研讨会。

5月，蓝日勇、谢日万主持对岑溪花果山战国墓作抢救性发掘，清理墓葬10座。

6月，蓝日勇、谢日万主持对南昆铁路南宁至平果段沿线进行文物调查，发现新石器时代晚期遗址4处、文物散点4处，采集各种石器40余件。

6月3日至7日，区文化厅在南宁召开全区文物工作会议，讨论和制定了广西文物事业发展"八五"规划，聘请贺亦然为区博物馆名誉馆长，成立广西考古、博物馆学会。我馆有关人员参加。

6月，蒋廷瑜赴广州、深圳、香港出席南中国海及其邻近地区史前文化国际学术讨论会。

6月17日，区文化厅批复，同意我馆《关于调并机构配置的报告》，设业务办公室、陈列部、保管部、群众教育部、文物工作队、图书资料室、民族文物苑、保卫科、财务科。

6月24日，越南社会主义共和国黄文欢同志的儿子黄日新参观我馆。

7月，区文化厅与区文艺干校联合举办全区文物研讨班，参加学员有30人，特邀北京故宫博物院专家耿宝昌、杜迺松先生为研讨班讲课。我馆派员参加教学工作。

7月8日，中国人民解放军装甲兵部队政治委员莫文骅中将（南宁市人）将自己收藏40多年的古字画、古陶瓷等30件文物，捐赠给我馆珍藏。何乃汉、刘殿林、潘郁生、林峰、魏桂宁到北京将这批珍贵文物安全运回本馆。同年12月，在我馆举办《莫文骅将军捐献文物展览》。

8月，潘郁生、于凤芝赴西宁市出席全国博物馆藏品建档研讨会。

8月10日，李宗仁的儿子李幼邻在全国政协副主席程思远陪同下参观我馆。

8月23日，任命贾志光为业务办公室副主任兼财务科科长。

8月，陈文主持对平南石脚山新石器时代遗址作了抢救性发掘。

9月，蒋廷瑜赴内蒙古呼和浩特市出席中国考古学会第八次年会。

9月17日，泰国孔敬文化府尹塞达·阿蓬参观我馆。

9月，我馆举办《鲁迅生平展》。

9月，我馆所编《广西铜鼓图录》由文物出版社出版。

10月，区文化厅与区文艺干校联合举办全区古建筑维修班，参加学员有28人。张宪文、李玉瑜参加教学工作。

10月，保管部在南宁市新会书院举办《明清名家书画展览》。

10月，为纪念中国人民解放军装甲兵部队政委莫文骅将军向广西博物馆捐献文物，区文化厅、区博物馆主编《六琴书室珍藏书画选集》《岳飞书诸葛武侯前后出师表》由广西美术出版社出版。

10月15日，完成《古代铜鼓陈列》的修改工作，内容设计为农学坚，形式设计为吴崇基。

10月，经国家文物局批准，我馆韦显初、邓任生、蒙顺安、谭国强等与广西民族学院合作，研究复制世界铜鼓王。

10月16日至20日，中国古代铜鼓研究会与区文化厅、民委、民族学院、博物馆在南宁联合召开中国南方及东南亚地区古代铜鼓和青铜文化第二次国际学术讨论会。邱钟仑、蒋廷瑜、黄增庆、庄礼伦、罗坤馨、蓝日勇、农学坚、陈小波参加会议。

11月9日，英国格文郡议会主席赫伯特参观我馆。

11月至1992年1月，李珍、彭书琳和兴安县博物馆彭鹏程主持对秦城遗址作第二次试掘，揭露面积125平方米，探明了"王城"城墙的建筑情况。

11月，韦仁义主持发掘北流县岭峒宋代窑址，揭露面积近800平方米，发现1座长约100米的斜坡式龙窑，出土"宣和三年"款瓷碗印花模。

12月11日，任命蓝日勇为业务办公室主任，潘郁生为保管部主任，覃义生为文物工作队副队长。

12月11日，广西国际民歌节在南宁市开幕，区博物馆民族文物苑被大会定为民歌表演点，区党、政领导李振潜、韦继松、刘明祖等观看了表演点的演出，并参观了我馆陈列。

12月，保管部在南宁新会书院举办《中国历代货币展览》。

本年，自治区维修兴安县红军标语楼、苍梧县李济深故居等文物保护单位，张宪文等参加。

1991年至1992年，为配合岩滩水电站建设，覃义生主持发掘了大化县北景音圩、岩滩镇和良房三处新石器时代遗址，揭露面积1200平方米。

1992年

张宪文、熊昭明等主持，继续对合浦大士阁和凭祥友谊关进行维修工作，对恭城湖南会馆及武庙大殿进行设计，对全州燕窝楼进行测绘，对河池红七军宿营地旧址红军标语揭取试验。

1月，《全区捐献文物展览》开幕。

1月13日至15日，区文化厅在容县召开第二次全区馆（所）藏一级文物专家审定会，审定全区各馆（所）藏一级文物15件。黄启善、韦仁义、蒋廷瑜、蓝日勇、郑超雄、刘殿林、黄吉文、潘郁生、谌世龙等出席了审定会。

2月14日，区文化厅任命巫惠民为副馆长。

2月29日，我馆历史文物陈列厅中的东汉玉璧（二级品）被盗。

3月至6月，为配合南昆铁路建设，谢日万、谢光茂、彭长林等在隆安县境发掘内军坡、定出岭、秀斗岭、麻疯坡、雷美岭、大山岭等6处新石器时代晚期遗址，揭露面积2000平方米，采集标本1万余件。

3月，为配合百龙滩、恶滩电站建设，李珍、覃义生、梁旭达、郑超雄等同河池地区文化局文物站、都安县文物管理所对电站水淹区进行了文物调查，发现新石器时代文化遗址4处。

3月中旬，广西民族文化展览表演友好访问团赴日本熊本县进行为期十天的展览表演、访问活动，展出广西11个少数民族服饰艺术，表演杂技艺术和饮食文化艺术，广西文化厅、博物馆、杂技团和南宁明园饭店分别派专家和演员参加。我馆吴崇基、王梦祥、罗坤馨、农美玲、蒙顺安参加出访活动。

3月13日至25日，蒋廷瑜赴山东淄博出席全国考古所长座谈会。

3月26日，《广西傩文化艺术展》开幕。内容设计为农学坚、朱圣林、罗坤馨，形式设计为吴崇基、黄须强，摄影为王梦祥、魏桂宁。

4月2日，任命莫婕航为图书资料室第一副主任，吴伟峰为副主任，李举荣为保管部副主任，魏桂宁为群教部副主任。

4月，民族文物苑铜鼓楼建成，对外开放。该楼以大小铜鼓造型组成。艺术造型设计为吴崇基，结构设计为张宪文，雕塑顾问为黄须强。

5月3日，文物修复室为共青团广西委员会制作电动《广西共青团工作概况》沙盘。

5月5日至10日，何乃汉、蒋廷瑜赴陕西省西安市出席全国文物工作会议。

5月9日，全国人大副委员长王光英参观博物馆。

5月15日，我馆与武警广西边防总队签订警民共建教育基地。这是我馆与部队建立的第一个警民共建爱国主义教育基地。

6月3日，越南社会主义共和国最高人民法院院长范兴参观我馆。

7月15日，任命郑超雄为陈列部主任。

8月，我馆举办的《中华人民共和国元帅展》开幕。

8月1日，广西首届文物夏令营在南宁市举行开营仪式。区人民政府副主席李振潜等领导出席开营仪式，蒋廷瑜、熊昭明等参加组织工作。

9月1日，区文化厅批准我馆成立开发部。

9月5日至11月15日，黄启善参加《中国金、银、古玻璃展》代表团赴日本大阪、福冈等地，举办展览和学术交流。

9月28日，任命石华林为开发部副主任。

11月至12月，区博物馆、区文物商店和南宁市文物管理委员会在南宁市开展《中华人民共和国文物保护法》颁布十周年宣传月活动。

12月1日，红七军老战士、中国人民解放军装甲兵部队政委莫文骅将军及夫人杨枫到保管部观看书画。

12月15日，越南社会主义共和国国防部长、越共中央政治局委员段奎大将参观我馆。

12月至1993年3月，为配合大埔水电站建设，韦仁义等发掘柳城窑址中的木桐元代瓷窑一座，采集标本6000多件。

1993年

1月，区政协常委会决定蒋廷瑜为七届委员会委员。

1月，我馆聘任何乃汉为桂博综合开发公司总经理。

区博物馆和自然博物馆在建政路宿舍区分别投建职工宿舍二栋，政府拨款各10万元，其余资金自筹。职工于1995年先后搬入新居。

2月24日，聘任石华林、朱良玉为桂博综合开发公司总经理助理。

2月25日，聘任李玉瑜为桂博综合开发公司副总经理。

3月，中国科学院古脊椎动物与古人类研究所和区文物队联合发掘百色盆地的百谷遗址、坛河遗址，获得旧石器时代遗物430余件，并在网纹红土中发现与石制品共存的玻璃质陨石，为进一步确定百色盆地旧石器的原生层位及年代问题提供了重要依据。谢光茂、林强等参加发掘工作。

3月12日至16日，蒋廷瑜赴珠海出席全国考古工作汇报会。

3月16日至25日，国家文物局副局长黄景略率叶学明、李晓东等文物地图集编委成员抵邕，对《中国文物地图集·广西分册》的书稿进行初审。4月17日，参加广西分册编撰组的成员举行会议，传达黄景略副局长对广西分册的初审意见，作出进一步修改工作安排。

4月5日，任命张宪文为开发部主任，李玉瑜为副主任。

4月，区文化厅应邀赴日本举办《中国广西少数民族染色和刺绣艺术展》。黄须强、蔡虹、蒙顺安赴日本熊本市、鹿儿岛参加展出活动。

5月5日，任命和艳为财务科副科长，梁旭达为文物队副队长。

5月至6月，朱圣林、邱明赴云南、昆明、贵州，罗坤馨、谢居登赴湖南、广东征集瑶族服饰。

5月22日，任命吴伟峰为群教部副主任。

5月26日至31日，蒋廷瑜赴北京出席在北京大学召开的"迎接二十一世纪的中国考古学"国际学术研讨会。

6月，协助凭祥博物馆在友谊关举办《友谊关关史陈列》。内容设计为邱钟仑，形式设计为吴崇基、黄须强，摄影为魏桂宁。

6月，越南考古研究院副院长黄春征来访，在我馆作《越南考古及其与中国考古学文化的关系》的学术报告。

6月至7月，李珍参加辽宁绥中水下考古工作。

9月1日，任命王宁为业务办公室副主任。

9月28日，由区党委宣传部、区文化厅联合主办，我馆承办《一代伟人——纪念毛泽东诞辰一百周年》大型图片展开幕。区党政领导陈辉光、刘明祖、丁廷模、钟家佐等出席开幕式。内容设计为郑超雄、黄吉文、农学坚、吴伟峰、李善华、朱圣林，图片制作为党春宁。

9月至12月，文物队完成对桂林王城保护规划的制订，完成全州燕窝楼落架维修和柳州东门楼维修工作。张宪文、覃玉东先后主持维修工作。

11月，区文化厅在北流市举办区文物建筑维修测绘制图学习班，30位文博专业干部参加了学习。张宪文等参加教学工作。

12月，越南考古代表团阮文好等来广西参观，我馆派员陪同前往柳州、桂林、合浦考察，在我馆和桂林作了学术报告。

12月，蒋廷瑜等主持发掘兴安县秦城遗址中的七里圩"王城"，发掘面积331平方米，获取大量文化遗物，查明"王城"是两汉时期的一座军事色彩较浓的城址。

12月28日至1994年1月3日，何乃汉、彭书琳、谢光茂出席在越南河内召开的纪念和平文化发现六十周年国际学术讨论会。

本年，举办《中国瑶族服饰展览》。内容设计为朱圣林，形式设计为吴崇基。

1994年

2月，潘郁生所著《八桂丰碑》由广西人民出版社出版。

3月12日，香港爱国人士、广东省收藏家协会主席邓禹向我馆捐献陶器、瓷器文物128件，其中有唐三彩七星杯盘、宋代影青瓷、磁州窑白釉酱花碗、宋元明时期龙泉窑青瓷、辽代绿釉罐等，并在我馆举行捐献仪式和展览。

3月至4月，农学坚、曾虹、蒙顺安参加广西文化代表团（由文化厅组团），应邀赴日本熊本等5城市举办广西民族艺术展演。

4月8日至9日，国家文物局馆藏一级革命文物专家确认组到保管部对广西申报的一级革命文物进行确认，确认一级文物16件。

4月19日，区文化厅在南宁市举办全区文博馆（所）长法规研讨班。全区文博单位馆（所）长72人参加了学习。研讨班于24日结束。我馆派员参加。

4月28日，全国人大常委会副委员长李沛瑶参观博物馆。

4月至5月，覃义生、李珍、谢日万、林强等发掘合浦小儿塘、火车站开发区古墓群51座汉墓。

6月，蒋廷瑜、覃义生、林强等完成南昆铁路沿线的田东思林遗址、田阳合坡遗址、田林万鸡山遗址的发掘工作。

7月，覃义生、李珍、彭长林、林强发掘钟山张屋农贸市场40余座古墓葬。

8月9日，区文化厅党组任命蒋廷瑜为馆长、黄启善任副馆长兼任区自然博物馆馆长、刘世昌任党总支书记、覃义生任副馆长兼任区文物工作队队长。

8月，区文化厅文物处聘任我馆何乃汉、邱钟仑、韦仁义、刘殿林、巫惠民5人组成国家二级文物鉴定专家组，负责全区博物馆（所）国家二级文物鉴定和国家一级文物的推荐工作。专家组先后赴全区各地、市、县进行文物鉴定和推荐工作。我馆潘郁生、于凤芝和陈小波同志曾先后参与工作。专家组确认我馆国家二级文物1701件，并向国家文物局专家组推荐国家一级文物名单。

9月，广西民族学院历史系受区文化厅文物处委托开办文博证书班，聘请我馆专家讲授专业课，我馆有10人参加学习。

11月14日至28日，越南考古研究院院长何文瑨、副院长阮文好来访，随后赴南宁豹子头、桂林甑皮岩、柳州白莲洞等新石器时代文化遗址考察。

11月，在贵港孔屋岭清理一座大型砖室墓，出土铜、铁、陶器100多件，其中有5件铜驽机。高座陶灯、陶车轮较为少见。墓中3块砖刻有文字。此墓时代属东汉晚期。

11月28日，我馆举行建馆六十周年馆庆。应邀出席馆庆活动的外宾有越南考古研究院院长何文瑨、副院长阮文好，越南历史博物馆以副馆长范但为团长的7人代表团。国内客人有国家文物局、中国文物交流中心、中国社会科学院考古研究所、中国科学院古脊椎动物与古人类研究所、北京文物局、北京故宫博物院和湖南、河南、江西、四川省博物馆以及广东、江西省文物考古研究所等单位的领导或代表。区内有地、市、县文博界代表等。《广西博物馆建馆六十周年论文集》由广西民族出版社出版，名誉馆长贺亦然书写前言。《广西古代历史文物陈列》开馆，杨基

常、杜晶一、韦壮凡剪彩，内容设计为郑超雄、农学坚、陈文，形式设计为吴崇基、蔡莛。

12月1日，中国收藏家委员会会长吕济民在我馆听取收藏家委员会广西分会的情况汇报。中国文物交流中心许青松为《中国五千年文明展》挑选文物。我馆专业干部与越南历史博物馆代表座谈。

12月3日，我馆请中国社科院考古研究所安志敏研究员作《关于华南中石器时代》的学术报告。

12月8日，为了纪念百色、龙州起义六十五周年，由区党委宣传部主办、区新闻出版局协办、我馆承办的《邓小平大型图片展》在我馆展出。区党政领导陈辉光、丁延模等出席了开幕式。内容设计为郑超雄、吴伟峰、李善华、宋圣林，形式设计为黄须强。

张宪文、覃玉东主持桂平三界庙落架维修、梧州中山纪念堂大修、容县真武阁附属建筑的维修工作，并对龙州红八军军部旧址维修工程和恭城文庙工程竣工进行检查验收工作。

1995 年

1月22日，朝鲜副总理兼文化部部长在中央文化部高占祥副部长、区文化厅韦壮凡厅长陪同下参观我馆。朝鲜贵宾题词"壮族历史是悠久历史"。

2月15日，俄罗斯联邦委员会副主席拉·阿卜季拉波夫等8人来馆参观。

2月23日，我馆举办《和平硝烟——中越边境排雷成果图片、实物展》。

3月24日至28日，中央电视台邹德昌等来馆拍《中华文明之光》系列片中的"铜鼓"专集。

3月30日上午，中央文化部徐文伯副部长来馆参观。下午，越南民族研究院叶廷花、历史研究院黎文兰教授来馆参观。

5月22日，区文化厅决定成立广西文物专家小组，组长为蒋廷瑜，副组长为何乃汉，组员为邱钟仑、韦仁义、刘殿林、巫惠民、吴崇基、付博（区建委高工）。

5月，彭书琳等配合基本建设发掘北海市三合口盘子岭东汉墓38座。

6月，我馆精选45件文物参加赴挪威的《中国艺术五千年》展览。

7月，蓝日勇等完成天生桥水电站淹没区文物复查工作。

8月，梁旭达等在贵港抢救发掘一座大型西汉木椁墓。该墓早年被盗。出土漆木器、铜器等一批文物，并发现墓上享殿基址。这是广西首次发现年代最早的墓殿建筑遗址。

8月2日，任命李善华为群教部副主任。

8月26日，香港邵力夫由李振潜副主席陪同来馆参观。

8月29日，任命王宁为图书资料室副主任，吴伟峰任办公室副主任。

8月22日至9月15日，为纪念中国人民抗日战争和反法西

斯战争胜利五十周年，由区党委宣传部、区党史研究室、区文化厅主办，我馆承办的《中华民族的辉煌胜利》开幕。内容设计为郑超雄、吴伟峰、李善华、朱圣林，形式设计为黄须强、曾虹、蔡荭、谭增义，图片制作为党春宁。

10月18日，全馆职工大会选举产生工会主席为黄须强，副主席为贾志光，委员5人。

11月，韦江等完成百色水利枢纽淹没区文物调查工作。

11月，梁旭达、李珍等完成横县江口遗址、叉江遗址的发掘工作。

11月6日，为纪念李济深先生诞辰110周年，由广西壮族自治区人民政府、中国国民党革命委员会主办，区文化厅、区博物馆承办的《李济深捐献文物展览》在北京民族文化宫开幕。形式设计为蔡荭。

11月10日，国家文物局一级文物鉴定专家组到我馆确认历史文物一级藏品123件，加上原已确定的各类一级文物，共计152件（套）。

11月19日，朱镕基夫人劳安来馆参观。

12月20日，工会组织第一次户外活动，到南宁狮山公园烧烤。

12月，区党委、区人民政府命名我馆为广西壮族自治区爱国主义教育基地。

1995年2月至12月，张宪文主持完成对德保秀阳书院、容县真武阁附属建筑、武鸣陆荣廷墓、武鸣明秀园荷风亭、南宁共青团地委旧址、钦州三宣堂东花厅和西花厅等工程的维修工作。

1996 年

1月，蒋廷瑜赴日本东京，出席北欧亚研究会陶器起源研讨会。

1月，林强、黄槐武等完成合浦财政局用地范围考古勘探工作。

2月15日，《帅立志书法刻字展览》开幕，黄云、袁凤兰、钟家佐、韦瑞霖等出席。

2月至11月，张宪文、李玉瑜、黄槐武完成桂平东塔、三江程阳风雨桥、武宣文庙大成殿和大成门、钦州三宣堂二门瓦面等工程的维修工作。

3月，台湾中国文化大学艺术研究所研究生刘客养来馆考察铜鼓，并到河池地区考察。

3月，吴崇基协助象州博物馆建筑设计方案的拟订。

4月4日，国家文物局在广西桂林市召开全国文物安全保卫工作表彰会，我馆陈景国被授予全国文物安全保卫先进工作者荣誉称号。

4月15日，国家文物局文物地图集审稿小组抵邕，我馆参加文物地图集广西分册的同志出席初审会。

6月，吴崇基协助钦州博物馆制订刘永福故居旧址建设和文物仓库建设方案。

6月11日，《新加坡画家方秋碧及其学生书画联展》开幕，韦纯束、罗立斌、贺亦然参加剪彩。客人赠送我馆一幅中国画《武夷胜景》。

7月18日，区文化厅批复同意我馆增设离退休人员管理科。

8月，李珍、韦江、杨清平完成广西沿海水下考古调查第一阶段工作。

8月19日，任命杨小菁为离退休人员管理科副科长。

8月1日至10日，《孔繁森同志事迹展览》开幕。区、市党政领导赵富林、陈辉光、李兆焯等出席开幕式。

10月20日，北京故宫博物院原院长于坚、中国文物交流中心人事处处长王梅容夫妇来馆参观。

11月，梁旭达、熊昭明等完成横县江口新石器时代贝丘遗址的发掘工作。

11月8日至12日，区文化厅、中国古代铜鼓研究会等单位在桂林市召开中国南方及东南亚地区古代铜鼓和青铜文化第三次国际学术讨论会。出席会议的中外学者有84人，其中包括香港、台湾地区和越南、泰国、日本、新西兰、美国等国家的学者。我馆蒋廷瑜、邱钟仑、覃义生、蓝日勇、陈文、罗坤馨、陈小波、田桂清、陈左眉、邱明出席会议。

11月，中国古代铜鼓研究会进行换届选举。我馆6人当选为第四届理事会理事，蒋廷瑜当选为理事长。

11月26日，区党委统战部、区宗教局、区文化厅、区博物馆与北京民族文化宫在南宁联合举办《历世达赖、班禅敬献中央政府礼品展览》。赵富林、马庆生、杨基常等参观展览。展览于1997年1月5日结束。

11月，《世纪丰碑——纪念中国工农红军长征胜利六十周年大型图片展览》在我馆展出。内容设计为农学坚、邱明、黄吉文。

12月，谢光茂应香港大学邀请出席"跨境文化社团——南中国及东南亚人类学"国际学术讨论会。

12月，李珍、彭长林完成兴安秦城遗址的发掘工作。

12月，韦江、陈左眉等完成贵港火车站扩建范围内的古墓葬发掘工作。

12月，黄槐武、韦革完成合浦财政局用地内的22座古墓发掘工作。

12月，吴崇基、郑超雄参加右江民族博物馆民族文物陈列的设计工作。

12月31日，原国家主席杨尚昆在南宁市委书记李兆焯陪同下参观我馆陈列展览。

1997 年

2月26日，区文化厅、公安厅在南宁市联合召开全区文物安全工作表彰大会。大会表彰了在广西文物安全保卫工作中做出突出成绩和贡献的23个先进集体和80名先进工作者。我馆被授予全区文物安全先进集体荣誉称号。

3月至10月，张宪文参与南宁粤东会馆的维修工程。

3月12日，区文化厅在桂林市举办首届全区文博讲解员培训提高班，来自全区13个地区26个博物馆、纪念馆、文物管理所的54名讲解员和宣教工作者参加了培训班的学习。我馆群教部派员参加了会议。

3月15日至25日，香港古物古迹办事处邹兴华馆长来访，并作《香港考古的历史与现状》的学术报告。

3月26日，任命李善华为群教部主任，张千红为副主任。

3月18日至4月15日，《红岩魂——白公馆、渣滓洞革命先烈斗争史实展览》在我馆展出，共接待观众13万人次。

3月至4月，张宪文、黄槐武完成对田东苏维埃政府旧址的勘察工作。

3月至10月，张宪文完成对南宁粤东会馆的维修工作。

3月24日，《迎接97香港回归祖国大型图片展》开幕。

3月，吴崇基等设计桂林碑林博物馆扩建规划方案。

4月，中国社会科学院考古研究所、区文物工作队和南宁市博物馆在邕宁县蒲庙镇九碗坡村顶蛳山发掘一处新石器时代贝丘遗址。该遗址是广西地区保存状况最好的贝丘遗址之一，现存面积约5000平方米。此次清理面积500平方米，发掘墓葬149座、灰坑6座、柱洞22个，获得陶、石、骨、蚌器等遗物千余件，年代距今约5000—6000年。此项发掘被评为1997年全国十大考古新发现之一。

5月至6月，梁旭达、韦江完成贵港市瓦塘乡蕉林冲遗址的发掘工作。

6月7日，我馆黄须强组织设计的自治区赠送香港回归礼品《同心桥》被选定。9日由黄须强随车护送至深圳交接。

6月，吴崇基帮助靖西壮族博物馆搞扩建规划和历史民族文物陈列方案。

7月10日，彭书琳、于凤芝、陈左眉赴贺州发掘宋代钱鉴遗址。

7月29日，我馆《古代铜鼓陈列》展出的"布七斤"铭环组筒形铜钟被盗。当盗窃分子企图携带文物逃离陈列大楼时，被值班保卫人员抓获，为国家挽回重大损失。

9月，区文化厅开办文物保护技术中专函授班，学制三年，有10多名文博单位在职人员参加了学习。我馆也有在职人员参加。

8月至11月，张宪文、韦江等发掘那坡县感驮岩遗址，发掘面积390平方米，出土大批精美的磨制石器以及纹饰多样的陶器。

10月至11月，谢光茂主持，由区文物工作队组织发掘田阳县濑奎遗址，发掘面积160多平方米。

10月9日，任命周敏为办公室秘书。

10月29日，中共中央政治局委员、中宣部部长丁关根，副部长刘云山到我馆视察参观。

11月9日，区文化厅在融水苗族自治县举办全区文博馆（所）长文物法规政策研讨班，全区各地市文化局分管文博工作的副局长、科长、文博单位馆（所）长共104人参加了学习。研讨班于15日结束。我馆派员参加。

11月24日，任命唐彩芬为业务办公室副主任，任命蓝之强为图书资料室副主任。

11月27日至12月27日，由区党委宣传部和区公安厅主办、我馆承办的《禁毒大风暴——广西禁毒斗争成果大型展览》在我馆展出，区党委书记曹伯纯题写了展名，共展出600多幅照片和近百件实物。内容设计为郑超雄、吴伟峰、李善华、陆文东。

10月至12月，梁旭达、熊昭明等完成贵港西江航运枢纽涉及的古文化遗址发掘工作。

12月，中共南宁市委、南宁市人民政府命名我馆为南宁市爱国主义教育基地。

12月，李珍对南宁市豹子头贝丘遗址进行发掘。

组建文物管理微机室，并和南宁旭科电脑公司合作开发馆藏文物管理软件，为我馆馆藏文物日后电脑化管理创造条件。

我馆自筹资金在民族大道陈列大楼西侧建设职工宿舍两栋，21户职工于1998年搬入新居。

1998年

2月至3月，黄须强赴湖南长沙参加98'全国十佳文物展精品颁奖及学术研讨会。

2月23日至3月5日，为纪念周恩来诞辰100周年，由区党委宣传部、党史研究室、广西军区政治部、区文化厅主办，我馆承办的《人民好总理——纪念周恩来诞辰100周年大型图片展》在我馆展出。内容设计为黄吉文、陆文东，图片制作为党春宁。

3月18日，南宁顶狮山新石器时代遗址荣获全国十大考古新发现新闻发布会在我馆召开，有关人士和新闻界记者出席会议。

3月18日，任命谢日万为文物工作队副队长。

3月至5月，文物工作队派员赴香港参加大屿山东涌考古发掘，并进行学术交流。

5月6日，国家民族事务委员会和国家文物局在南宁市联合召开全国少数民族文物工作会议。来自全国18个省、自治区、直辖市的民委、文物部门负责人及有关单位的代表100余人参加了会议。会议讨论了《关于加强少数民族文物工作的意见》。我馆派员出席了会议。

5月，蒋廷瑜参加大陆地区博物馆事业与文物交流学术访问团赴台湾考察访问。

7月，区文化厅文物专家组编写《广西壮族自治区馆藏文物珍品目录》一书，由广西民族出版社出版。

7月4日至15日，黄启善出席在美国旧金山召开的第18届国际玻璃大会。

8月，湖南省文物考古研究所何介均所长来馆参观，并对资源晓锦、平南石脚山、那坡感驮岩遗址出土文物进行交流鉴定。

9月，刘世昌、蒋廷瑜主编《中华民族精神丰碑——全国爱国主义教育示范基地故事》，由广西民族出版社出版发行。

9月10日，日本东京大学东洋文化研究所吉开将人来馆作《关于中越跨境铜鼓的新思考》的学术报告。

9月至11月，蒋廷瑜、梁旭达等对资源县晓锦新石器时代遗址进行发掘。

9月至11月，韦江、韦革发掘隆林县那来洞穴遗址。

10月至12月，李珍参与邕宁顶蛳山贝丘遗址的第二次发掘。

10月20日至24日，中国南方及东南亚地区古代铜鼓和青铜文化第四次国际学术讨论会在贵阳召开，蒋廷瑜、邱钟仑、罗坤馨、陈小波、田桂清、邱明出席。

11月，国家文物局和区财政拨专款174万元，由陈景国主持，南宁奥申安保电脑系统有限责任公司施工，建成我馆大型现代化文物安全防盗、防火自动报警、监控和陈列室自动灭火喷淋系统。按国家文物局公布的《文物博物馆风险等级和安全防护级别的规定》中一级标准的要求，投资134万元，建成一套现代化文物技术防范系统，从而为我馆文物管理和展出工作创造了良好的安全条件。

11月，吴崇基、黄须强协助百色起义纪念馆和红七军司令部旧址陈列复原工作。

区文物工作队派员对桂林市明靖江王陵遗址进行勘测和复查。靖江王陵，除靖江王朱守谦外，有十一代藩王均葬于此。墓群面积约100平方公里。各王陵地面建筑规制有朝房、陵门、中门、享殿、墓冢及神道石象等。少数保存完好，其余仅存遗址。1996年国务院公布靖江王府及王陵为全国重点文物保护单位。

11月13日至21日，中国社会科学院考古研究所所长任式楠、研究员安志敏、韩康信等先后来馆参观，并赴邕宁、武鸣、防城港等地考察。

为迎接广西壮族自治区成立四十周年，区财政拨款对我馆陈列大楼内外墙体、陈列厅、观众休息厅、接待室进行装修，共投入资金1000多万元。

12月8日，我馆陈列大楼经过一年多的维修后工程竣工，并举行三大展览开幕典礼。《广西民族民俗展览》《古代铜鼓陈列》《广西文物珍品展》对外开放。区党政领导及老同志杨基常、吴恒、李振潜、韦纯束、贺亦然、黄云、钟家佐出席。历任馆长、书记贾鸿起、牛玉祥、蒲中泽、谢居登、何乃汉、蒋廷瑜、刘世昌剪彩。《广西民族民俗展览》内容设计为罗坤馨、朱圣林、覃芳、陆文东，《古代铜鼓陈列》内容设计为农学坚，《广西文物珍品展》内容设计为郑超雄、陈文。

12月，林强、熊昭明等发掘钦北高速公路用地范围内的古墓。

张宪文、李玉瑜、覃玉东、黄槐武完成对忻城莫氏土司衙署、钦州刘永福故居书房、南宁桂南战役阵亡将士纪念亭的维修方案的制订，承接的南宁市魁星楼维修工程开工。

1999 年

1月，梁旭达、韦江等完成南宁至水任高速公路沿线文物调查工作。

1月12日，区文物鉴定委员会成立，主任委员为蒋廷瑜，委员为何乃汉、韦仁义、吴崇基、黄启善、蓝日勇、郑超雄、覃义

生、张宪文、吴才权、潘郁生、罗坤馨、陈小波、张凯、王颂、覃枝全、王浩，秘书长为林峰。

3月至5月，彭书琳、林强、韦江等对合浦凸鬼岭21座古墓进行发掘，出土大批文化遗物。

3月30日至5月28日，区文物工作队应香港特别行政区文康广播局古物古迹办事处邀请，派出19人赴香港参加西贡蠓涌新石器时代遗址考古发掘，并进行学术交流活动。5月28日结束。

4月26日，柳州东门楼西段城墙倒塌事件发生后，谢日万协助文物处参与东段临时支顶加固、技术鉴定和损失估算等工作。

5月，林强、熊昭明等对合浦迎水庙17座汉墓进行发掘，出土一批文化遗物。

6月8日，区文化厅在南宁市召开全区文博馆（所）长工作会议。来自全区各地（市）文化局分管文物的领导、文博单位的馆（所）长、文物商店经理等110人参加了会议。会议于9日结束。

7月，广西大学欧阳恒正捐赠我馆马君武手书七言联。

8月21日，派员对宜州市怀远镇发现崖画进行调查。崖画以朱砂绘制，画有约200余匹形态各异的马和一些人物、器物。崖壁上存留有明万历十五年（1587年）绘制的文字。

8月26日至9月2日，区文化厅在南宁市举办全区文物藏品微机管理试点单位培训班。首期6名学员分别来自南宁、柳州、桂林、梧州、容县、百色等市县。

8月至10月，梁旭达、杨清平等对象州县南沙湾贝丘遗址进行发掘，出土一批文化遗物。

9月22日，香港《一脉相承》文物展在港开幕。我馆送展20件（套）文物参加展出。蒋廷瑜、刘世昌应邀出席开幕式。

9月16日至26日，区党委宣传部、河池地委主办，我馆承办的《大山之子——王任光先进事迹展览》开幕。区党委书记曹伯纯题写了展名。内容设计为郑超雄、覃芳、陆文东，图片制作为党春宁。

9月30日至10月13日，为庆祝中华人民共和国成立50周年，由区党委宣传部主办，我馆承办的《壮乡巨变——中华人民共和国成立50周年广西成就图片展》开幕。内容设计为朱圣林、覃芳、陆文东、农学坚，图片制作为党春宁。

10月至12月，蒋廷瑜等对晓锦遗址进行第二次发掘，出土大量陶器、石器等文化遗物。

10月至12月，李珍等参加邕宁县顶蛳山遗址第三次发掘，遗址出土大批石器、陶器、蚌器等文化遗物。

11月11日，国家民族博物馆谢启晃馆长来访。

11月12日，《中国少数民族服饰展》开幕，杨基常剪彩，曹伯纯、李兆焯陪同宋平、程思远、邵华等参观。

12月，蒋廷瑜所著《古代铜鼓通论》由北京紫禁城出版社出版。

12月，北京大学考古学系教授严文明到广西指导工作，参观我馆并作《华南新石器时代考古的几个问题》的学术报告。

本年,李玉瑜、覃玉东、谢日万、黄槐武组织完成忻城莫氏土司衙署、全州红七军旧址(关帝庙)的维修工作。完成柳州清真寺、南宁望火楼的现场勘查测绘工作。黄槐武完成编写《广西宁明花山岩画保护方案》,李玉瑜、覃玉东编写《金田起义地址(三界庙、韦昌辉故居)维修方案》。

2000 年

1月14日,邕宁县政府在我馆召开顶蛳山遗址文化保护专家座谈会,有关方面的专家、学者应邀出席会议。

2月3日,《中国龙展》开幕,李振潜、韦纯束点眼。

3月,林强、熊昭明、韦江发掘合浦县堂皇中站的6座汉墓,出土一批文化遗物。

3月24日,富禾礼品公司向我馆赠送《千禧金玺》(《大清嗣天子宝》复制品)。

4月至7月,韦江、熊昭明、韦革发掘藤县灵济寺遗址,出土一批重要文物。

5月22日,我馆举行中外专家学术交流会,出席会议的有中科院古脊椎动物与古人类研究所研究员黄慰文和来自美国、加拿大、意大利的专家。他们就旧石器考古和青铜文化的研究,发表了意见。

5月22日,区文化厅任命黄启善为馆长兼党总支书记,蓝日勇、吴伟峰为副馆长。

6月27日至7月8日,越南考古研究所古人类学家阮强麟来访,分别在我馆和广西医科大学作越南古人类研究的学术报告。

8月,吴崇基、蔡莊协助柳州白莲洞洞穴科学博物馆搞扩建设计方案。

8月2日至5日,《古岭南的西部文明——广西瓯骆文物展》在广州南越王墓博物馆开幕,蒋廷瑜出席,并作《南越国时期岭南的西部文明》的学术报告。内容设计为罗坤馨。

8月9日,任命陈小波为业务办公室主任,周敏为副主任,农学坚、林峰为陈列部副主任,覃芳为图书资料室副主任,贾志光为民族文物苑管理部主任,付广宁为副主任,蓝之强为业务后勤部副主任。

8月18日至21日,由文化部、民革中央委员会、国家文物局联合主办,我馆承办的《2000'中国西部大开发文化经济展示周·广西图片展》在北京展出,获得中国西部大开发文化经济展示周组委会授予的最佳设计奖和最佳组织奖。内容设计为农学坚、朱圣林、陆文东,形式设计为蔡莊、陈锡安。

9月20日,任命肖君为群教部副主任。

9月25日至10月15日,《广西史前考古新发现展》开幕,共精选石、玉、陶器等文物212件,显示了近年来我区史前考古的新成果。内容设计为朱圣林,形式设计为谭增义、陈锡安。

10月12日,黄启善出席在京召开的全国博物馆工作会议。

10月至11月,梁旭达、韦革、杨清平等发掘南沙湾遗址,面

积约100多平方米,获得一批文物。

11月,黄启善、韦仁义、于凤芝、张凯赴桂林出席桂林——中国青花梅瓶国际学术研讨会。

11月22日,国家文物局局长张文彬到本馆观看顶蛳山文物。

10月20日至11月20日,区党委纪委、组织部、宣传部、区检察院、区监察厅联合主办的《广西党风廉政建设和反腐败斗争成果展览》开幕。区党政领导曹伯纯、李兆焯、陈辉光、马庆生、杨基常、刘奇葆等出席开幕式。

10月至12月,为支援长江三峡水电站库区文物抢救工作,由蒋廷瑜领队,区文物队组织发掘湖北省巴东县古墓葬群。发掘面积2000平方米,勘探面积3000平方米,发掘墓葬10座,其中西汉土坑墓1座,汉代至六朝时期的砖室墓8座、石室墓1座。

10月至12月,熊昭明等配合中国社会科学院考古研究所对临桂县大岩遗址进行了发掘,发掘2×2米的探方16个,共64平方米,发掘墓葬11座,共出土文化遗物1000多件。遗址分为五期,有不少新的发现,对建立桂北洞穴遗址的文化发展序列有着重要的作用。

由谢日万主持,区文物工作队组织完成忻城土司衙署、金田起义地址、西林岑氏建筑群等维修方案,完成西林宫保府门楼、厢房、柳州清真寺、德保文庙等文物维修施工。

12月20日,由公安部、国家文物局、区公安厅、南宁市公安局派出专家对我馆所安装的技防工程进行了验收。

12月27日,区博物馆与南宁职业技术学院签订共建爱国主义教育基地的协议。这是我馆与馆外学校建立的第一个爱国主义教育基地。

12月8日,由区政府主办,区通志馆承办的《广西新编地方志展览》开幕。区党政领导赵富林、李兆焯、陈辉光等参观了展览。

12月20日,我馆文物安全技防系统工程,通过了国家文物局技防工程审核组、区文化厅文物处、区公安厅科技处、治安总队、南宁市公安局经文保处有关领导和专家组成的验收委员会的验收。

12月至2001年元月,区文化厅文物处通知:我馆派出潘郁生、刘殿林等11人分赴全区82个文博单位进行藏品管理、库房安全大检查。

2001 年

1月,陈左眉、林强、熊昭明等完成横县六景至兴业高速公路的文物调查工作。

1月,广西科技活动周在区展览馆举办,文化系统的《2001年广西艺术生产实践与科学技术成果展示研讨会》展览由区博物负责设计及施工。展览被区政府评为"最佳展出场地奖"。设计为曾虹、陈锡安。

2月12日至26日,我馆第一期电脑培训班开班,有20多名干部参加学习。

3月7日，任命刘桂荣为民族文物苑管理部副主任。

3月20日至4月3日，《张学良将军生平图片展》在我馆开幕，展出200多幅珍贵照片。

4月12日，报区文化厅同意，任命蓝日勇兼文物队队长，谢日万为常务副队长，林强为副队长。

4月12日，我馆采用"请进来，走出去"的方式开展群众教育工作，推出了"博物馆一日学"活动。

4月，文物队设立四个研究室。

5月，广西文化厅主办，我馆派蔡莛、李举荣设计、制作的《广西千里边疆文化长廊建设成果展览》参加在广东省茂名市举办的"首届中国边境城市文化贸易旅游艺术节"，获组委会表彰。

5月，林强等完成合浦县地方开发公司的5座汉墓发掘工作，出土一批文物。

5月至8月，李珍、何安益与中国社会科学院考古研究所、桂林市文物队、甑皮岩遗址陈列馆等单位合作，对甑皮岩遗址进行了发掘，发掘面积15平方米，取得重大收获，初步解决了学术界长期以来质疑并争议的地层、年代和分期问题。

6月26日至7月7日，由区党委组织部、宣传部和党史研究室主办，区博物馆承办的《光辉的历程——纪念中国共产党建党八十周年图片展览》在我馆展出，接待观众6万多人次。内容设计为朱圣林、陆文东，图片制作为党春宁，形式设计为谭增义、曾虹、陈锡安。

7月4日至20日，黄启善出席在英国爱丁堡召开的第十九届国际玻璃大会。

7月20日，任命梁广平为保卫科副科长。

8月，陈小波出席在南京召开的太平天国金田起义150周年暨罗尔纲诞辰100周年纪念座谈会。

8月，韦江、谢光茂、彭长林、陈小波等对隆安县金鸡滩水利枢纽进行文物调查，发现13处文物遗址。

8月，熊昭明、韦革、何安益等对合浦饲料厂的5座古墓进行发掘，出土110多件文物。

8月23日至26日，我馆讲解员参加由中国博物馆学会主办的全国革命纪念馆"延安杯"讲解员邀请赛，荣获集体三等奖。

8月至10月，由广西、云南、贵州三省（区）文化厅和博物馆联合举办的《声震神州——桂、滇、黔铜鼓大观》展览，在北京中国历史博物馆展出。

9月，蒋廷瑜著《铜鼓—南国奇葩》由天津科技出版社出版。

9月，广西文化代表团赴法国考察，和普夏大区洽谈《中国广西古代文物展览》到该区巡展事宜。吴伟峰、潘郁生作为代表团成员赴法考察。

9月至11月，林强领队，区文物工作队与柳州市博物馆合作，承接该市万州区武陵镇凤安村1组中嘴新石器时代遗址发掘项目，发掘面积500平方米，出土了一批文化遗物。

9月至12月，覃义生领队，区文物工作队继续对长江三峡水电站库区内的重庆市万州区武陵镇凤安村九组黄陵嘴遗址进行考

古发掘。其中发掘面积2000平方米，勘探面积13200平方米，发现了多座六朝至唐的窑址，出土了一批西周中晚期的遗物，完成了协议规定的工作量。

10月，熊昭明、韦革、韦仁义等对长洲水库进行文物复查。

11月至12月，熊昭明、韦革对贺州市高屋背岭墓群进行勘探，发现100多座战国墓，试掘2座，出土大批文物。

10月，黄启善、覃义生出席在澳门召开的第十五届澳门学术研讨会。

11月14日，任命农学坚为陈列部主任，李立康为图书资料室负责人。

12月，杨清平、覃芳发掘崇左县汽车总站内的9座古墓，出土一批文化遗物。

12月1日，广西博物馆、广西科技馆、广西自然博物馆、广西地质博物馆、广西钱币博物馆和南宁市博物馆等联合推出"馆馆通"参观广西科普系列活动，为广大大、中、小学生创造一个良好的课外学习园地。

12月8日，黄启善出席在广州召开的中山大学岭南考古研究中心年会。

12月16日，区政府袁凤兰副主席、吴恒副主席、王其鹏副秘书长、区政府第七秘书处覃西萍副处长、文化厅容小宁厅长、于璨副厅长、区财政厅邱华副厅长、事财处处长吴云等到博物馆就博物馆改造维修方案设计等问题进行审定，从16家设计部门的100多种设计方案中选出了广西综合设计院的设计方案，投资约4000万元。

我馆办公楼各部、室、会议厅、书库等全面装修，安装空调，更换照明设施等，共投入资金130万元，改善了工作人员的工作条件。

谢日万主持，区文物工作队组织完成编制了桂林市甑皮岩遗址、百色红七军旧址、梧州市中山纪念堂等维修保护方案。

12月10日，原国民党广西省政府主席黄旭初（容县人）的亲属将黄旭初生前日记（1935——1975年，中间缺失1937、1940两年）38本及李宗仁、白崇禧与黄旭初往来书信一批捐赠给我馆收藏。这是研究中华民国史和广西桂系军阀史的珍贵资料。

2002 年

1月，杨清平、覃芳等完成田林洞岜水电站水淹区的文物调查工作，发现多处文物古迹。

2月8日至18日，由南宁市教育局和区博物馆联合主办的《南宁市教育系统师生迎春书画、摄影展》在我馆举行。这是我馆与南宁市教育局合作每年举办一届艺术作品展的伊始。

3月，文物队组织评审，通过了《广西大石铲文化研究》《广西湘江流域史前文化的调查与研究》《汉代海上丝绸之路始发港——合浦港研究》《广西古窑址调查及研究》《GW——H 杀虫、防虫剂研制》5个课题的实施。

4月，李珍、杨清平等完成龙滩电站水淹区的文物调查工作，

发现多处文物点。

4月，韦江、何安益完成大新上利、田阳那吉两处水电站文物调查工作，发现多处文物点。

4月27日至29日，中国博物馆学会第四届会员代表大会在北京召开，黄启善出席会议并当选为理事。

5月至8月，我馆派出林峰、陈锡安到桂林兴安协助设计制作二战时期美军援华战机坠机猫儿山遗骸展览《历史的航标》。

5月16日，任命郑超雄为信息资料研究部主任，李立康为副主任。

5月，合浦县九只岭汉墓。由熊昭明、韦革等主持发掘，共发掘了2座夫妻异穴合葬墓，保存完好，出土器物160件，结构独特，填补两广汉墓形制上的空白。

5月27日至6月17日，黄启善、潘郁生、农学坚、李善华应越南民族学博物馆的邀请，到越南与5个国家级博物馆、4个省级博物馆、1个考古研究院进行了学术交流。

7月4日至9日，《越南美术家作品展》在我馆举行，展出越南艺术家美术精品36幅，包括磨漆画、油画和粉彩画等艺术种类。

7月12日，就国家自然科学基金课题《麻江型铜鼓启动模式与调音机理研究》与广西民族学院合作。我馆潘郁生、韦显初、邱明参加。

7月至8月，由谢光茂、彭长林、杨清平、韦革等对田东百渡旧石器遗址进行发掘，发掘面积700平方米，出土手镐、薄刃斧等文化遗物1000多件，是百色旧石器考古中出土遗物最多一次。首次在地层中揭露出多处古人类制作石器时剥落的碎片分布面，含石器的堆积层直接压在基岩风化面上，证明出土的石器属原地埋藏。

7月至10月，彭长林、何安益、蒋廷瑜等进行了资源晓锦遗址的第四次发掘。此次发掘面积95平方米，并对前几次的发掘进行了统一归纳，为进一步的整理打下基础。

8月，林强等对大藤峡水利枢纽进行文物复查，确认水淹区内文物点有贝丘遗址2处，汉墓群3处，宋代古城址2处，汉宋窑址3处，摩崖石刻3方，历史纪念建筑物1处。

8月，覃芳、彭长林、付珍等参加南宁市博物馆组织的南宁市白龙公园明墓清理发掘。

8月10日，越南考古学院原副院长阮文好访问我馆，并就中越考古和铜鼓文化进行了学术讲座和友好交流。

8月10日，区文化厅文物处下拨15万元，作为我馆馆藏汉代出土铁器保护专项经费。

8月29日，越南民族学研究所叶廷花教授出席广西民族学院科技史沙龙，并主讲《铜鼓文化的发源、传播及其多样性》。我馆有关专业人员应邀出席了学术交流会。

8月至12月，熊昭明、韦革、覃芳发掘合浦汉城遗址。发掘面积200多平方米，发现了柱洞等建筑遗迹，出土了陶片等文物，年代初步推测为汉初。该遗址的发掘，使合浦汉城遗址发掘研究有了新的进展。

9月，谢光茂领队，区文物工作队对田东县百渡遗址进行发掘，发掘面积700平方米，出土手镐、薄刃斧等文化遗物1000件。

9月，国家文物局编《中华人民共和国文物博物馆纪事（1949—1999年）》（上、下集），由文物出版社出版发行。区文化厅文物处覃溥处长为编委之一，巫惠民、吴兵负责广西入选条目的编写工作。

9月10日至23日，由区党委宣传部主办的《百岁将军吴西书法作品展》在我馆举行。区党政领导曹伯纯、李兆焯、陈辉光等出席开幕式。

9月24日至30日，林强、谢光茂对百色水库水淹区进行文物复查，确认需抢救发掘的旧石器时代遗址2处、新石器时代遗址1处、汉至清代古墓2处、古营盘遗址1处。

9月26日至30日，工会组织全馆职工赴越南社会主义共和国下龙湾、河内等地参观，重点参观河内各大专业博物馆。

9月29日，国家文物局副局长张柏、保卫处处长刘起富到我馆检查文物安全工作。

10月至12月，梁旭达、覃芳对横县秋江贝丘遗址进行了第一次发掘，共发掘5×5米探方3个、2×5米探沟1条，在遗址中发现了人骨遗骸，出土了石器、陶片等文化遗物。

9月至11月，覃义生、韦江、杨清平等赴重庆三峡库区忠县新生三队墓群和洋渡新街墓群发掘，其中新生三队发掘面积1000平方米，洋渡新街勘探20000平方米，发掘面积600平方米，两处共发现古墓近20座。

10月15日至20日，熊昭明、何安益等对平乐（二塘）至钟山（同古）高速公路进行文物调查，提出了沿途平乐二塘和平—里结、同安大里永福背村、独岭、银头岭、钟山县黄宝、良马坪、板桥、钟山联线、贺州联线等可能埋藏文物需勘探的路段合计16800米段的处理意见。

10月20日至24日，黄启善出席在上海召开的国际博协亚太地区第七次会议。

10月，于凤芝、张凯赴太原市出席全国古陶瓷研讨会。

10月，由我馆和陕西历史博物馆联合主办的《揭开神秘面纱——广西壮族自治区民族文化展》在陕西历史博物馆展出。内容设计为农学坚、朱圣林、陆文东。

10月，《广西文物精品》由美术出版社出版。我馆参加编撰人员有陈远璋、黄启善、蒋廷瑜、何乃汉、韦仁义、于凤芝，英文翻译为谢光茂，特邀编辑为吴崇基，摄影为王梦祥、魏桂宁。

10月至11月，熊昭明、李珍、韦革等发掘了合浦县看守所用地内的汉墓1座、清墓1座。

10月至12月，谢光茂、林强、彭长林等发掘百色上宋遗址、革新桥遗址。上宋遗址发掘1000平方米，出土了大量玻璃陨石和石器。革新桥遗址发掘面积1600平方米，遗址出土石器上万件，发现了新石器时代遗址石器加工场和墓葬2座。

11月，覃义生、李珍与设计单位对恶滩水库进行文物复查，现场勘查后设计单位认为需另选时间与业主等三方同去确认遗址需发掘的范围。

11月，农学坚、林强参加广西文化代表团，赴埃及、土耳其进行文物博物馆考察。

11月16日，文化部周和平副部长在文化厅容小宁厅长的陪同下到博物馆参观《古代铜鼓陈列》《广西民族民俗展》和民族文物苑。

12月16日至19日，由干福熹院士、黄启善馆长主持的中国南方古代玻璃研讨会在本馆召开，会后出版了论文集和专著。

谢日万主持，区文物工作队组织完成了桂平金田起义地址、田东檀河遗址、梧州市特委地委旧址、柳州市东门楼城墙等维修保护方案，完成了柳州东门城墙、恭城湖南会馆维修施工。

12月，黄启善主编《广西博物馆古陶瓷精粹》由文物出版社出版。

12月25日至2003年1月1日，熊昭明、黄槐武等对柳江红花水电站进行文物调查，发现柳江县立冲北窑、立冲南窑址2处，勒马石刻1处。

2003年

1月29日至2月7日，《广西博物馆馆藏珍宝特别展》开幕。展品包括精选的玉、陶、瓷、铜器、印章、竹、木、牙、犀牛角雕、文房四宝等100多件。内容设计为林峰、朱圣林，形式设计为谭增义、曾虹、陈锡安。

2月至4月，熊昭明、韦革、覃芳等完成了合浦县大浪古城门外码头的发掘。

3月30日，区党委副书记刘奇葆、李纪恒、南宁市市长林国强陪同国务院发展研究中心主任、中央委员王梦奎到博物馆参观。

4月，蔡荭、陆文东赴柳州帮助完成柳州大韩民国临时政府抗日斗争活动陈列馆的引资改造工程方案。

4月，由我馆文物队组织发掘的百色革新桥遗址被评为"全国十大考古新发现"之一。

4月3日，任命付广宁为民族文物苑管理部主任，蓝之强为业务后勤部主任。

6月3日，区文化厅任命陈远璋为区博物馆党总支书记。

6月5日，任命杨小菁为老干科科长，陆三良为业务后勤部副主任。

6月，黄启善主编《百色旧石器》由文物出版社出版。

6月，韦革、熊昭明、覃芳等完成了合浦县炮竹厂用地范围内汉墓的发掘。

7月，黄启善出席在南京召开的国际博物馆馆长论坛。

7月，韦革、熊昭明、覃芳等完成了合浦县科红制革厂用地范围内汉墓的发掘，出土一批文化遗物。

7月25日至8月10日，《广西首届民间文物收藏精品展》开幕。展品包括瓷、玉、铜器、书画以及木、牙、骨雕等160多件。内容设计为林峰、陆文东、陶少艺，形式设计为曾虹、谭增义、陈锡安。

7月29日，黄启善应聘为全国陈列展览十大精品评委，并出席了在京召开的评审会议。

8月，吴崇基协助三江侗族博物馆编写侗族文物陈列方案。

8月29日，由中央电视台"走进科学"专栏以"沉默的声明"为专题，向国内外报道了百色旧石器的发现与研究成果。我馆黄启善、谢光茂参加了制作。

8月至9月，韦革、熊昭明、何安益等完成了合浦县岭脚村三国墓的发掘，出土一批文化遗物。

9月23日，刘世昌赴西柏坡出席由国家文物局召开的"三个代表"重要思想与文物工作理论座谈会。

9月，《中国广西古代文物展览》应邀赴法国普夏大区展出。该展览在法国巡回展出半年。蓝日勇等参加开幕式和巡展交接文物展品工作。

10月至11月，由蓝日勇主持，文物队与中国社会科学院考古研究所、柳州市博物馆共同发掘大龙潭鲤鱼嘴遗址，发掘面积7平方米，主要是对1980年发掘的T1东部及东隔梁进行部分发掘，地层可分14层，深约2米。

10月至12月，熊昭明、黄槐武、谢广维等完成了合浦罗屋及凤门岭汉墓的发掘。合浦县凤门岭6号汉墓的发掘，出土了大批青铜器。其中的马、牛、狗等青铜器的出土，为广西汉墓发掘的又一新的收获。

11月，于凤芝赴长沙市出席全国古陶瓷研讨会。

11月，何安益、韦江、彭长林等完成了平乐至钟山高速公路用地范围内墓葬的发掘，出土一批文化遗物。

11月8日至17日，《广西民间收藏历代钱币展》开幕，展品包括历朝各类钱币10000余枚。

11月28日，潘郁生赴北京参加全国博物馆数字化建设学术研讨会。

11月28日至30日，黄启善、覃义生、韦江参加岭南考古第三届年会。黄启善、蓝日勇、覃义生、韦江被聘为岭南考古中心特约研究员。

11月至12月，杨清平、韦革、覃芳等完成了贺州至梧州高速公路用地范围内墓葬的发掘。

12月4日至9日，林强、覃义生赴广州出席"2002—2003年度全国考古工作汇报会"。

12月16日，馆藏汉代铁器保护项目在文物处主持下，请国家有关文物保护专家通过验收评审。

12月23日，潘郁生赴北京出席由国家文物局召开的全国馆藏文物保护管理工作座谈会。

12月26日，为了纪念毛泽东诞辰110周年，《广西民间收藏毛泽东纪念章特展》开幕。展览共展出铜、瓷、丝织等材料制成的各类毛泽东像章10000多枚。

2003年，文物队全年完成龙滩水电站、昭平下富水电站、鹿寨龙兴水电站、桂林市防洪及漓江补水枢组、贺州上程水电站、平乐至钟山、贺州至梧州、阳朔至平乐、马江至梧州、南宁坛洛至百色、岑溪至梧州、冈古至马江高速公路等基建项目的考古调查和勘探工作。

李珍完成了灌阳县画眉井隋代墓葬的发掘。

李珍等会同南宁市博物馆完成了武鸣县仙湖镇弄山岩洞葬等项目的发掘。

2004 年

1月3日至10日，由区党委宣传部主办，区文联和区博物馆承办的第二届中国美术展在本馆展出，展出250幅优秀的书画作品，区党委副书记潘琦、宣传部部长沈北海为展览剪彩。

1月12日至14日，由区党委宣传部主办，区博物馆和南宁市书画院承办的《中国结》艺术展在本馆展出，潘琦副书记等参观了展览。

1月18日至2月8日，由南宁市主办的第三届南宁市教育系统师生迎春书画摄影展，展出书画1000多幅。区党委副书记、南宁市委书记李纪恒等领导参观展览。

2月4日，任命陶少艺为陈列部负责人。

2月12日，黄启善出席在南宁召开的全区文化工作会议。会议传达了全国文物局长会议精神。

2月28日，文化部赵维绥副部长、文化部政策法规司司长高树勋、中宣部体制改革办公室副主任张晓虎、国家文物局副局长童明康、国家文物局人事司司长侯菊坤等领导到博物馆参观《古代铜鼓陈列》和《广西民族民俗展览》以及民族文物苑。

2月26日至3月2日，由区党委宣传部举办的《天路行舟——神舟五号飞船上天》图片展览在本馆展出。

广西博物馆在职职工名录

姓 名	性别	部 门	工种或职务	职 称
黄启善	男	区博	馆长	正研
陈远璋	男	区博	书记	正研
蓝日勇	男	区博	副馆长	正研
吴伟峰	男	区博	副馆长	副研
覃义生	男	区博	调研员	正研
陈小波	男	办公室	主任	副研
唐彩芬	女	办公室	副主任	馆员
周 敏	女	办公室	副主任	馆员
和 炜	女	办公室	打字员	管理员
杨小菁	女	老干科	科长	馆员
蓝之强	男	后勤部	主任	馆员
陆三良	男	后勤部	副主任	中级工
石华林	男	后勤部	总务	馆员
何锡灼	男	后勤部	电工	技师
朱良玉	男	后勤部	司机	高级工
杜锡平	男	后勤部	内勤	馆员
和 艳	女	财务科	副科长	馆员
李慧芬	女	财务科	出纳	馆员
黄敏宁	女	财务科	会计	助馆
席国芳	女	财务科	会计	助馆
潘郁生	男	保管部	主任	副研
李举荣	男	保管部	副主任	馆员
于凤芝	女	保管部	总帐	正研
张 凯	女	保管部	保管员	副研
班文琪	女	保管部	保管员	馆员
肖 敏	女	保管部	保管员	馆员
邱 明	男	保管部	保管员	馆员
黄慧光	男	保管部	保管员	馆员
韦加军	男	保管部	保管员	管理员

广西博物馆在职职工名录

姓 名	性别	部 门	工种或职务	职 称
邓任生	男	保管部	修复	馆员
韦显初	男	保管部	修复	馆员
蒙顺安	男	保管部	修复	馆员
谭国强	男	保管部	修复	馆员
黎绮妮	女	保管部	裱画	馆员
吴新凤	女	保管部	裱画	馆员
农学坚	男	陈列部	主任	副研
林 峰	男	陈列部	副主任	副研
朱圣林	男	陈列部	内容设计	馆员
陆文东	男	陈列部	内容设计	馆员
陶少艺	男	陈列部	内容设计	馆员
陈锡安	男	陈列部	美工	馆员
谭增义	男	陈列部	形式设计	馆员
曾 虹	男	陈列部	形式设计	馆员
蔡 荭	女	陈列部	形式设计	馆员
党春宁	男	陈列部	摄影	馆员
李善华	男	群教部	主任	馆员
张千红	女	群教部	副主任	馆员
肖 君	女	群教部	副主任	馆员
唐柳青	女	群教部	讲解员	馆员
黄 璐	女	群教部	讲解员	初级工
曾明丽	女	群教部	展厅管理	馆员
王 萍	女	群教部	展厅管理	馆员
杨 涟	女	群教部	展厅管理	馆员
李 兴	女	群教部	展厅管理	馆员
叶 林	女	群教部	展厅管理	馆员
陈 丽	女	群教部	展厅管理	馆员
刘艳姣	女	群教部	展厅管理	馆员
武 瑛	女	群教部	展厅管理	馆员

姓　名	性别	部　门	工种或职务	职　称
徐　宁	女	群教部	展厅管理	助馆
陈永平	男	群教部	展厅管理	助馆
夏　青	女	群教部	展厅管理	助馆
田红艳	女	群教部	讲解、售票	助馆
郑超雄	男	信息资料研究部	主任	正研
李立康	男	信息资料研究部	副主任	馆员
刘世昌	男	信息资料研究部	原书记	副研
陈　妮	女	信息资料研究部	采编	馆员
云　霞	女	信息资料研究部	资料员	馆员
农美玲	女	信息资料研究部	资料员	馆员
王　宁	女	信息资料研究部	资料员	馆员
傅广宁	男	文物苑管理部	主任	馆员
刘桂荣	女	文物苑管理部	副主任	馆员
邓静娟	女	文物苑管理部	职员	馆员
谈湘宁	女	文物苑管理部	职工	馆员
秦燕妮	女	文物苑管理部	票务	馆员
陆建秋	男	文物苑管理部	会计员	会计
兰佩良	女	文物苑管理部	售票员	初级工
陈景国	男	保卫科	科长	馆员
梁广平	男	保卫科	副科长	馆员
李兴齐	男	保卫科	保卫	副科
杨德伟	男	保卫科	保卫	副科
蒋鸣镝	男	保卫科	保卫	管理员
宋耀文	男	保卫科	保卫	助馆
方　玲	女	保卫科	保卫	普通工
马　骅	男	保卫科	保卫	初级工
谢日万	男	文物队	常务副队长	副研
林　强	男	文物队	副队长	副研
梁旭达	男	文物队	副队长	副研

姓　名	性别	部　门	工种或职务	职　称
李　珍	男	文物队	考古	副研
熊昭明	男	文物队	考古	副研
韦　江	男	文物队	考古	副研
黄槐武	男	文物队	考古	副研
谢光茂	男	文物队	考古	副研
覃　芳	女	文物队	考古	副研
彭长林	男	文物队	考古	副研
韦　革	男	文物队	考古	馆员
何安益	男	文物队	考古	馆员
杨清平	男	文物队	考古	馆员
彭鹏程	男	文物队	考古	馆员
覃玉东	男	文物队	古建	馆员
韦发勇	男	文物队	古建	馆员
陈丁山	男	文物队	绘图员	助馆
傅　珍	女	文物队	资料员	助馆
谢广维	男	文物队	考古	见习生
贾志光	男	工会	副主席	技师

广西博物馆离退休职工名录

姓 名	性别	部 门	职 务	职 称
何乃汉	男	区博	馆长	正研
蒋廷瑜	男	区博	馆长	正研
谢居登	男	区博	馆长	
蒲中泽	男	区博	书记	副研
邱钟仑	男	区博	副馆长	正研
吴崇基	男	区博	副馆长	正研
巫惠民	男	区博	副馆长	副研
于谦	女	办公室	主任	
和振荣	男	办公室	副主任	
朱士贤	女	办公室	副主任	
黄德意	男	行政科	科长	
蒙丕基	男	行政科	副科长	
卢建发	男	行政科	总务	
吴正遂	男	后勤部	电工	技师
梁振活	男	后勤部	木工	中级工
云昌珉	男	保卫科	科长	
田云义	男	保卫科	副科长	
黄前革	女	财务科	会计	
闫月华	女	财务科	出纳	馆员
黄有连	女	财务科	出纳	
李丽珍	女	财务科	出纳	
韦仁义	男	文物队	副队长	正研
彭书琳	女	文物队	考古	正研
陈左眉	女	文物队	考古	副研
梁薇薇	女	文物队	资料员	馆员
黄淑文	女	资料室	主任	
莫婕航	女	资料室	副主任	馆员
钟远德	女	资料室	资料员	馆员
刘笑微	女	资料室	资料员	馆员

广西博物馆在职职工名录

姓 名	性别	部 门	职 务	职 称
田桂清	女	资料室	采编	副研
吴小茵	女	资料室	资料员	馆员
李美珍	女	文物苑	主任	
李玉瑜	女	文物苑	主任	馆员
金秀梅	女	文物苑	员工	助馆
覃凤仙	女	群教部	主任	副研
刘殿林	男	保管部	副主任	副研
曾从运	男	保管部	副主任	副研
丁连城	男	保管部	副书记	
覃枝全	女	保管部	保管员	馆员
邓积全	男	保管部	修复	
陈庆清	女	保管部	保管员	馆员
卢华	女		正科	
黄须强	男	技术部	主任	正研
王梦祥	男	技术部	副主任	副研
杨朝仍	男	技术部	摄影	馆员
谈泽周	男	陈列部	副主任	副研
罗坤馨	女	陈列部	副主任	副研
黄吉文	男	陈列部	副主任	副研
李光军	男	陈列部	内容设计	正研
庄礼伦	男	陈列部	内容设计	正研
黄有连	女	财务科	出纳	中级工

曾经在博物馆工作过的人员名录

姓　名	性别	部　门	职务	职称
贾鸿起	男	区博	馆长兼书记	
牛玉祥	男	区博	书记	
赵荆生	女	办公室	主任	
旭　泉	男	办公室	主任	
蓝启辉	男	秘书	职员	
吕　梁	男	办公室	秘书	
吴　兵	女	办公室	打字员	
许　晶	女	办公室	打字员	
黄富强	男	办公室	采购员	
文振光	男	办公室	司机	
向多金	男	行政科	司机	
罗最和	男	办公室	通讯员	
李智强	男	办公室	电工	
邝伯杰	男	办公室	炊事员	
郑可琼		总务组	组员	
阳臻明		炊事员		
马　邹		通讯员		
韦仁仪	男	办公室	总务	
田炳坤	女	陈列部	副主任	
沈奕巨	男	陈列部	副主任	
林春明	女	陈列部	职员	
邱一江	男	陈列部	职员	
陈冠文	男	陈列部	职员	
谌世龙	男	陈列部	职员	
吴国强	男	陈列部	职员	
李延凌	男	陈列部	职员	
陈仁华	男	陈列部	职员	
郑宇燕	女	陈列部	资料员	
黎凤清	女	陈列部	职员	

曾经在博物馆工作过的人员名录

姓　名	性别	部　门	职务	职称
林　浩	男	陈列部	职员	
陆仰渊	男	陈列部	职员	
钟优武	男	陈列部	职员	
张宪文	男	文物队	副队长	副研
覃圣敏	男	文物队	考古	正研
王振铺	男	文物队	考古	
潘世雄	男	文物队	考古	
覃彩鸾	男	文物队	考古	正研
黄智立	男	文物队	考古	
陈　文	男	文物队	考古	副研
王亦平	男	文物队	考古	
潘佳红	男	文物队员	考古	
李长江	男	文物队	考古	
周继勇	男	文物队	考古	
邱　龙	男	文物队	考古	
李庆斌	男	文物队	考古	
潘慧琳	女	文物队	绘图	
龙家桓	男	技术部	美工	
梁　耀	男	技术部	美工	
覃才祥	男	技术部	美工	
魏桂宁	男	技术部	摄影	馆员
李　伟	男	技术部	美工	
李鸿庆	男	保管部	职员	正研
李宗连	男	保管部	职员	
冯咏梅	女	保管部	职员	
张伴娣	女	保管部	保管员	
唐兆民		保管研究	组长	
苏康甲		保管研究	副组长	
刘立道		保管研究	职员	

曾经在博物馆工作过的人员名录

姓　名	性别	部　门	职务	职称
斐本初		保管研究	职员	
周　游		保管研究	职员	
陈五瑞		保管研究	职员	
徐家禾		保管研究	职员	
刘维楷		保管研究	职员	
徐廷召		保管	职员	
李达林	男	保管部	裱画	
梁鸿鸣	男		职员	
班逢生	男	自然组	职员	
张权秀	男		职员	
王绍鹏	男	陈列部	职员	
黎斐然	男	陈列部	主任	副研
黄文德	男	技术部	美工	
谢天虹	男	技术部	美工	
谭可芸	女	群教部	讲解员	
左　文	女	群教部	讲解员	
王　浩	男	群教部	讲解员	
岑立地	男	群教部	讲解员	
贺务云	女	群教部	讲解员	
丁　莉	女	群教部	讲解员	
于　光	男	裱画室	裱画	
姚志荣	男	裱画室	裱画	
陈剑林	男	裱画室	裱画	
赵仲如	男	自然组	组长	正研
周石保	男	自然组	职员	副研
陈耿娇	女	自然组	职员	
刘　洁	女	文物苑	副主任	
韩肇明	男		职员	
唐仲英		会计	职员	

曾经在博物馆工作过的人员名录

姓　名	性别	部　门	职务	职称
张纯之		资料员	职员	
梁友仁		采集组	职员	
谭毅然		采集组	职员	
吴永富		采集组	职员	
阳光宇		采集组	职员	
满景祚			职员	
冯丽芬				
梁　昭				
陈美琼				
谢丽屏				
覃玉金				
朱艳萍				
李丽玲				
廖少卿				
陈秀英				
梁光选				
覃玉金				
朱艳萍				
李丽玲				
廖少卿				
陈秀英				
李东年			通讯员	
吴荣鸿			馆员	
许务民	男	区博	馆长兼书记	
李予同	男	区博	副馆长	
王克荣	男	区博	副馆长	正研
张世铨	男	区博	副馆长	正研
谢劭安	男	总务组	干部	
秦志卿	男	总务组	副组长	

曾经在博物馆工作过的人员名录

姓 名	性别	部 门	职 务	职 称
李永祥	男	行政科	总务	
刘榜升	男	行政科	木工	
吕 林	男	办公室	炊事员	
农美仙	女	财务科	工人	会计师
黄增庆	男	文物队	考古	正研
梁景津	男	文物队	考古	副研
方一中	男	保管部	副主任	副研
谭加华	男	保管部	修复	
邓家琨	男	保管部	裱画	
马 丽	女	保管部	职工	
蓝仕权	男	保管部	保管员	馆员

1934年广西省立博物馆筹备处人员名单

姓 名	性别	年龄	职 务
廖葛民	男	33	主任筹备员
雷荣甲	男	39	筹备员
张益之	男	29	办事员
刘崇沛	男	25	雇员
唐瑞斌	男	28	采集剥制员
唐礼信	男	34	采集剥制员
陆新堂	男	28	办事员
姚 伟	女	20	办事员
蒋 九	男	30	雇员

广西博物馆获得厅级以上奖励的研究成果统计表

成 果 名 称	获奖等级	获奖单位、姓名	授予单位	授予时间
铜鼓史话	优秀奖	蒋廷瑜	中国史学会中国出版工作者协会	1984.6
铜鼓史话	二等奖	蒋廷瑜	广西社科联合会	1984.10
巫术文化的遗迹——广西左江岩画剖析	优秀奖	王克荣、邱钟仑、陈远璋	广西社科联合会	1984.10
左江崖画的族属问题	一等奖	邱钟仑	广西民族学会	1984.10
广西贝丘遗址初探	优秀	何乃汉	广西历史学会	1987.12
广西先秦青铜文化初论	二等奖	蒋廷瑜、蓝日勇	广西社会科学研究优秀成果评选委员会	1987.12
试论岭南中石器时代	三等奖	何乃汉、覃圣敏	广西民族学会	1988.2
骆越与铜鼓	三等奖	邱钟仑	广西民族学会	1988.2
试论秦汉时期广西的社会性质	三等奖	何乃汉	广西民族学会	1988.2
侗乡三月三获广西文艺制作铜鼓奖中的	作品奖	吴崇基	区人民政府	1988.12
侗乡元宵节(版画)获铜鼓奖中的	荣誉奖	吴崇基	区人民政府	1988.12
摇滚乐(摄影)	二等奖	党春宁	中南五省区画报评委	1989.2
密林深处获广西少数民族书画大展	银奖	吴崇基	区民委	1989.12
岭南旧石器时代向新石器时代的过渡及有关的几个问题	优秀奖	何乃汉	广西社科优秀成果评选委员会	1990.12
广西古代玻璃制品发现及其研究	三等奖	黄启善	广西历史学会	1990.12
试论广西出土的宋代钱	佳作奖	于凤芝	广西社科优秀成果评选委员会	1990.12
岭南旧石器时代向新石器时代的过渡及有关的几个问题	优秀奖	何乃汉	广西社科优秀成果评选委员会	1990.12

广西博物馆获得厅级以上奖励的研究成果统计表

成 果 名 称	获奖等级	获奖单位、姓名	授予单位	授予时间
广西贵县罗泊湾汉墓	二等奖	蒋廷瑜 邱钟仑 蓝日勇 覃义生	广西社会科学研究优秀成果评选委员会	1990.12
古南越国	三等奖	覃圣敏 蓝日勇 覃彩銮 梁旭达	广西社会科学研究优秀成果评选委员会	1990.12
北流型铜鼓探秘	三等奖	姚舜安 万辅彬 蒋廷瑜	广西社科优秀成果评选委员会	1990.12
试论广西汉代货币经济的发展	三等奖	黄启善	广西社科优秀成果评选委员会	1990.12
古南越国	一等奖	覃圣敏 蓝日勇 覃彩銮 梁旭达	广西考古博物馆学会	1991.12
广西先秦越族青铜兵器研究	三等奖	蓝日勇	广西社会科学研究优秀成果评选委员会	1991.12
壮族饮食文化的考古研究	三等奖	巫惠民	广西考古博物馆学会	1991.12
广西古代玻璃制品之研究	二等奖	黄启善	广西考古博物馆学会	1991.12
博物馆藏品登记标准化探讨	三等奖	于凤芝	广西考古博物馆学会	1991.12
试论广西壮族民间酿酒技术与饮酒风俗	优秀论文	黄启善	首届国际酒文化学术讨论会组委会	1992.6
左右江革命根据地	二等奖	潘郁生(编辑组组员)	中共广西党史办	1993.10
关于岭南中石器早期新石器与越南和平文化、北山文化的关系的初步探讨	三等奖	何乃汉	广西社科优秀成果评委会	1993.12
广西汉代玻璃制品的初步研究	三等奖	黄启善	广西社科优秀成果评选委员会	1993.12
试论广西的有肩石器	二等奖	彭书琳	广西社科优秀成果评选委员会	1993.12

广西博物馆获得厅级以上奖励的研究成果统计表

成果名称	获奖等级	获奖单位、姓名	授予单位	授予时间
改革开放发展中的南宁大型展览	先进工作者	黄须强	南宁改革开放展览办公室	1994.2
中国社会发展成就展览会	优秀设计奖	郑超雄	中国社会发展成就展览会组委会	1994.9
中国社会发展成就展览会广西馆	优秀设计奖	黄须强	中国社会发展成就展览会组委会	1994.9
侗寨之夜（版画）获第八届全国美术作品展广西作品展	三等奖	吴崇基	区文化厅 中国美协广西分会	1994.10
清代流入广西的越南钱币初探	三等奖	黄启善 潘郁生	广西钱币学会	1995.11
越南历史货币	一等奖	张世铨 何乃汉	广西钱币学会	1995.11
鲁迅版画奖		吴崇基	中国版画家协会	1996.5
岭南出土石戈探微	二等奖	蒋廷瑜	广西社科优秀成果评选委员会	1996.12
区直文化系统"双学"知识测验	优秀奖	潘郁生	区文化厅	1996.8
广西古代钱币的来源与研究	佳作奖	黄启善	广西社科优秀成果评选委员会	1996.12
广西古代玻璃器皿的发现与研究	佳作奖	黄启善	广西社科优秀成果评选委员会	1996.12
桂平铜鼓初论	佳作奖	陈小波	广西社科优秀成果评选委员会	1996.12
广西历史货币	金泉奖	龙刚 张世铨 黄启善 于凤芝 覃枝全	中国钱币学会第二届优秀学术成果奖	1997.2
广西历史货币	一等奖	龙刚 张世铨 黄启善 于凤芝 覃枝全	广西钱币学会	1998.11

广西博物馆获得厅级以上奖励的研究成果统计表

成果名称	获奖等级	获奖单位、姓名	授予单位	授予时间
广西汉代金饼初论	三等奖	黄启善	广西钱币学会	1998.11
全国讲解员延安杯邀请赛	三等奖	唐柳青	中国博物馆学会	1998.11
浅谈塑料装裱工具在现代装裱工艺中的意义	优秀奖	蒙顺安	中国书画装裱修复艺术研讨会论文评审委员会	1999.11
考古人类学荣获1996-1999年广西社会科学成果奖	三等奖	郭立新 陈文 蓝日勇 滕成达	广西社会科学研究优秀成果评选委员会	2000.1
担任摄影的广西民族风俗艺术丛书	第十一届中国图书奖	土梦祥	新闻出版总署	2003.9
广西文物珍品荣获首届中国艺术展类图书奖	三等奖	何乃汉 于凤芝 黄启善 吴崇基 王梦祥	广西美术出版社	2003.11
中国各民族宗教与神话大辞典	二等奖	郑超雄（副主编）	广西社科优秀成果评选委员会	2003.11
试论壮族对佛教的淡薄倾向性心理	三等奖	郑超雄	广西民族学会	
浅论毛泽东的革命史观	一等奖	陶少艺	区直机关工委	2003.12
广西纪念毛泽东诞辰110周年学术研讨论文	优秀论文	陶少艺	区党委宣传部	2003.12

广西博物馆荣获先进或比赛获奖登记表

成 果 名 称	获奖等级	获奖单位、姓名	授予单位	授予时间
区直文化系统象棋比赛	第三名	区博	区文化厅直属机关党委	1984.1
爱我国祖国歌曲合唱比赛	第三名	区博	区文化厅直属机关党委	1989.10
文化系统"社会主义好"演讲比赛	三等奖	区博	区文化厅直属机关委员会	1990.5
文化系统第二届羽毛球赛	第三名	区博	区文化厅直属机关团委	1991.1
全区文物法规文物知识竞赛	三等奖	区博	区文化厅、区文物管理委员会	1993.1
先进基层党组织		区博	区文化厅直属机关党委	1996.4
区直文化系统第五届职工运动会	第三名	区博	区文化厅	1998.7
第一届文化系统男子蓝球比赛	第二名	区博	区文化厅直属机关党委	2002.11
1999—2000年先进基层党组织		区博党总支	区文化厅直属机关党委	2001.7
2001—2002年先进基层党组织		区博党总支	区文化厅直属机关党委	2003.7
2001—2002年先进基层党组织		文物队党支部	区文化厅直属机关党委	2003.7
广西百色革新桥新石器时代石器加工场遗址被评为2002年全国十大考古新发现		文物队	国家文物局	2003.9

广西博物馆荣获先进个人优秀党员党务工作者等称号名录

获 奖 项 目	获奖姓名	授予单位	授予时间
1974—1975区直文化系统先进工作者	巫惠民	区文化厅直属机关党委	1976
1977年区直文化系统先进工作者	蓝日勇	区文化局	1977
1977年区直文化系统先进工作者	吴崇基	区文化局	1977
玉林地区农村文化艺术工作先进工作者	陈小波	玉林地区行署	1981.12
奋勇救火、救护病人表现好记功	李立康	区文化局	1982.8
博物馆发生火灾，勇于扑火记功一次	李立康	区文化局	1982.11
社会主义建设先进工作者	李立康	区文化局	1983.2
区文化局直属单位先进工作者	谈泽周	区文化局	1983.2
社会主义建设先进工作者	谈泽周	区文化局	1983.2
从事文博工作三十周年证书	何乃汉	文化部文物事业管理局	1985.12
区直文化系统优秀党员	吴崇基	文化厅直属机关党委	1985
广西荣誉文化工作者	吴崇基	区文化厅	1985
从事文博工作三十周年证书	巫惠民	文化部文物事业管理局	1985.12
85年区直文化系统优秀共产党员	贾志光	区文化厅直属机关党委	1986.5
87年区直文化系统优秀共产党员	贾志光	区文化厅直属机关党委	1987.12
1988年南宁市先进保卫工作者	李立康	南宁市人民政府	1989.3
全区文物普查先进工作者	陈小波	区文化厅	1989.12
全区文物普查先进工作者	郑超雄	区文化厅	1989.12
1989年区直文化系统优秀共产党员	何乃汉	区文化厅直属机关党委	1990.5
1989年区直文化系统优秀共产党员	贾志光	区文化厅直属机关党委	1990.5
1989年南宁市先进保卫工作者	李立康	南宁市人民政府	1990.2
1989年度南宁市先进保卫工作者	陈景国	南宁市人民政府	1990.2
1990年南宁市落实治安保卫责任制先进工作者	李立康	南宁市人民政府 区文化厅	1991.3

获 奖 项 目	获奖姓名	授 予 单 位	授予时间
1991年区直文化系统离退休干部先进个人	丁连城	区文化厅直属机关党委	1991.8
1990-1991年区直文化系统优秀共产党员	巫惠民	区文化厅直属机关党委	1991.11
1991年全区文化系统优秀工作者	何乃汉	区文化厅直属机关党委	1991.12
1992年"少年之家"活动优秀辅导员	杨小菁	区文化厅直属机关团委	1992.9
区直文化系统治安保卫工作先进个人	黄启善	区文化厅	1992.12
1992年度区直文化系统治安保卫工作先进个人	陈景国	区文化厅	1992.12
广西国际民歌节有功人员称号	吴崇基	广西国际民歌节组委会	1993
区直文化系统优秀共产党员	吴伟峰	区文化厅直属机关党委	1994.3
政府特殊津贴	何乃汉	国务院	1994.1
1994年度自治区有突出贡献科技人员奖	吴崇基	区政府	1994.12
广西荣誉文化工作者	何乃汉	区文化厅直属机关党委	1995.12
广西荣誉文化工作者	丁连城	区文化厅	1995.12
广西荣誉文化工作者	莫婕航	区文化厅	1995.12
广西荣誉文化工作者	巫惠民	区文化厅	1995.12
1995年全国文物安全保卫先进工作者	陈景国	国家文物局	1996.1
1994-1995年度区直文化系统优秀共产党员	潘郁生	区文化厅直属机关党委	1996.4
1994-1995年度区直文化系统优秀共产党员	李善华	区文化厅直属机关党委	1996.4
1994-1995年度区直文化学院优秀共产党	田云义	区文化厅直属机关党委	1996.4
中国画《凝香》金奖	刘世昌	海峡两岸书画名家精品评委会	1996.6
"双学"活动优秀奖	杨小菁	区文化厅直属机关党委	1996.8
全区文物安全工作先进工作者	田云义	广西文化厅、公安厅	1997.2
南宁市1996年度全民义务植树先进个人	蓝之强	南宁市人政府首府绿化委员会	1997.2
首府创建国家园林城市工作中被评为先进个人	蓝之强	中共南宁市委南宁市人民政府	1997.10
政府荣誉勋章	何乃汉	区党委、区政府	1998.12

获 奖 项 目	获奖姓名	授 予 单 位	授予时间
自治区成立40周年荣誉勋章	吴崇基	自治区党委、自治区政府	1998
1997—1998年度区直机关优秀共产党员	吴伟峰	中共广西壮族自治区直属机关工作委员会	1999.7
1998年区文化厅老干工作先进个人	杨小菁	区文化厅	1999.5
1999年区直文化系统优秀共产党员	郑超雄	区文化厅直属机关党委	2000.2
全区文化系统先进工作者	黄启善	区人事厅、区文化厅	2000.12
1999-2000年度区直文化系统优秀共产党员	谈泽周	区文化厅直属机关党委	2001.7
1999-2000年度区直文化系统优秀党务工作者	黄启善	区文化厅直属机关党委	2001.7
1999-2000年度区直文化系统优秀共产党	李善华	区文化厅直属机关党委	2001.7
区文化信息工作优秀信息员	周敏		2002.9
2001-2002年度区直文化系统优秀共产党员	李善华	区文化厅直属机关党委	2003.7
2001-2002年度区直文化系统优秀共产党员	周敏	区文化厅直属机关党委	2003.7
2001-2002年度区直文化系统优秀党务工作者	黄启善	区文化厅直属机关党委	2003.7
2001-2002年度区直文化系统优秀共产党员	潘郁生	区文化厅直属机关党委	2003.7
2001-2002年度区直文化系统优秀共产党员	陆三良	区文化厅直属机关党委	2003.7
2001-2002年度区直文化系统优秀党务工作者	丁连城	区文化厅直属机关党委	2003.7
全区内部单位安全保卫工作先进个人	陈景国	广西公安厅	2003.12

Guangxi museum built in 1934, with the development of the difficulties and setbacks of 70 years, has become the famous museum in Guangxi province, which collects a plenty of rare cultural relics. At present, there is 104 on-the-job staff. It is composed of 11 departments, including office, the custody department, the display department, the masses education department, the group of the historical relic work, the management department of nationality cultural relics garden, the security department, the management department of the retired, the finance department, the research department of materials information, the logistics department, etc.

In the past 70 years, Guangxi museum has carried on a lot of work and made the rich achievements in cultural relics investigations, Archaeological studies and exploration, collecting cultural relic, protecting cultural relic, displaying and exhibition, publicity and education, exchanging with foreign countries, and so on.

Nowadays, with the development of many years, Guangxi museum collects more than 40,000 cultural relics, in which some of them are the rare fine works, such as the big stone shovel of the Neolithic Age, the Tongyou in Shang dynasty, exquisite Tongfeng lamp in Han dynasty and a big bronze horse of 110 cm. The quantity of bronze drum collected is the first in the world, one of them being praised as a king of bronze drum in the world with the diameter of 165 cm and 300 kg weigh. A lot of precious cultural relics collected in Guangxi museum have been appreciated by local people when they were shown in many countries, such as Japan, U.S.A., France, etc.

In Guangxi Museum, there are 4 exhibition rooms with 7000m^2 in total area, "ancient bronze drums display" and "display of Guangxi national & folk custom" and various kinds of temporary exhibition hold. Besides exhibition in door, there is still a national cultural relic garden covering 24,000 square meters as the exhibition extension and expansion of national folk custom to the outdoor. In the Garden, there are many houses, shelter bridges, drum-towers, the gates of stockaded village, stage, national craft workshops with the national characteristics of Zhuang, Yao, Miao, Dong, Maonan, etc, and the sculptures imitating Han dynasty, such as the carved bronze drum groups and bronze horse, bronze zhen, etc. When you walk into the garden, the local national customs blowing against your faces, the historical culture of the nationality making you pleasing and enchanting so as to forget to return.

In archaeological studies and exploration, in the past 30 years, there had have several hundred ruins explored in this district and made Outstanding achievements, for example, the exploration to the Dingshisan ruins of the Neolithic Age in Yongning county and Gexinqiao ruins of the Neolithic Age in Baise city is regarded as one of ten new discoveries in home in archaeological studies; In scientific research, there are some the experts in archaeology, anthropology, ethnology. The outstanding achievements have been made in the fields of national archaeology, cliff painting, bronze drums, ethnology, etc. A large amount of archaeological reports and scientific papers have been issued, and a set of books have been composed, such as "unearthed relics of Guangxi", "picture and records of the bronze drums of Guangxi", "historical relic treasures of Guangxi", "ancient ceramic essence of Guangxi museum", "palaeolithic industry of Baise", "bronze mirrors of Guangxi", etc. In academic field, Guangxi museum also pays attention to cooperation and exchange with other countries, and established the relationship of exchange and cooperation with the museums in France, Vietnam, Japan, etc.

　　本书材料源于各类档案资料及部分老同志的回忆。因时空跨度大，年代久远，有些资料历经风雨，难以搜集齐全，加之记忆之事难免有遗漏及偏差，故书中所述出现纰谬在所难免。尽管如此，全书还是着力通过叙述历程，展示广西博物馆七十年的奋斗业绩，反映广西文博事业发展的状况。所录事件，历经各个历史时期。某些内容宜粗不宜细；某些有争议或考证不清的史实，只有简化，或留后待查。

　　本书大事记由亚惠民同志执笔。蒋廷瑜、何乃汉、黄启善、韦仁义、于凤芝、吴崇基、黄须强等同志以及各部门提供了书面补充材料。杨朝仍、何乃汉、亚惠民、韦仁义、覃凤仙、蒋廷瑜、蒲中泽、傅广宁、李善华等同志为本书提供了部分照片。潘郁生、党春宁、陶少艺等同志负责所有照片的拍摄、编排工作。陈小波、陶少艺负责对各部门的简介进行修改编纂。唐彩芬负责职工名录的编写。黄启善负责"历史的回顾"一节的编写。原自治区人民政府副主席、名誉馆长贺亦然同志撰写了前言。和炜同志负责文字稿的打印工作。黄启善、蓝日勇等同志负责统稿。

　　在编写过程中，编委会陆续推出征求意见稿求索宝贵意见，承蒙众多老领导、老同志的热心指点和帮助，得到馆内各部门鼎力支持，并反复进行校核修订。对此，我们致以深深的谢意！同时，还要感谢文物出版社的同志，他们为促成本书的出版也付出了辛勤的劳动，没有他们的热心和付出，就没有本书的编辑出版！

　　由于时间仓促，编辑力量及水平所限，难免挂一漏万。书中所欠所缺，恭请读者指正和谅解。

《广西博物馆七十年》编委会

2004年5月15日

封面设计：蔡　莛
版式设计：周小玮
责任印制：张道奇
责任编辑：周　成

图书在版编目(CIP)数据

广西博物馆七十年／广西自治区博物馆编，—北京；文物出版社，2004.6
ISBN 7-5010-1605-4

Ⅰ.广... Ⅱ.广... Ⅲ.博物馆—概况—广西
Ⅳ.G269.276.7

中国版本图书馆CIP数据核字(2004)第032737号

广 西 博 物 馆 七 十 年
主　编：黄启善
副主编：蓝日勇
　　　　吴伟峰
　　　　巫惠民

文 物 出 版 社 出 版 发 行
(北京五四大街29号)

http://www.wenwu.com
E-mail：web@wenwu.com

北京文博利奥印刷有限公司制版
文 物 出 版 社 印 刷 厂 印 刷
新 华 书 店 经 销

889×1194　1/16　印张：7.5
2004年6月第一版　2004年6月第一次印刷
ISBN 7-5010-1605-4/K·817
定　价：98.00元